Aljoscha Long

Gib alles, was du hast – und du bekommst alles, was du willst!

Anleitung für ein selbstbestimmtes Leben

Aljoscha Long

Gib alles, was du hast – und du bekommst alles, was du willst!

Anleitung für ein selbstbestimmtes Leben

GABAL

Bibliografische Information der Deutschen Nationalbibliothek

Die Deutsche Nationalbibliothek verzeichnet diese Publikation in der Deutschen Nationalbibliografie; detaillierte bibliografische Daten sind im Internet über http://dnb.d-nb.de abrufbar.

ISBN 978-3-86936-242-7

Lektorat: Friederike Mannsperger, GABAL Verlag GmbH
Umschlaggestaltung: Martin Zech Design, Bremen, www.martinzech.de
Umschlagfoto: yellowj/Fotolia.com
Satz und Layout: Typomedia Satztechnik GmbH, Ostfildern
Druck und Bindung: Salzland Druck, Staßfurt

www.gabal-verlag.de
www.twitter.com/gabalbuecher
www.facebook.com/gabal.verlag
Abbonnieren Sie den GABAL-Newsletter unter: newsletter@gabal-verlag.de

Inhalt

Vorwort

Wissen Sie, warum Sie die Dinge nicht bekommen, die Sie sich zutiefst wünschen? Weil Sie nicht mit ganzem Herzen handeln. Oder mit anderen Worten, weil Sie nicht alles geben, was Sie haben!

Geben heißt nicht Opfer bringen

Alles geben – das ist verdammt viel. Und es klingt ziemlich anstrengend. Alles bekommen – das hört sich doch schon besser an. Aber es klingt ziemlich übertrieben. Unter »alles geben« versteht man meist »sich aufopfern«. Ich vermute, dass das auch Ihre erste Assoziation war. Dass Sie glauben, ich will Ihnen Feuer unter dem Hintern machen und Sie ermahnen, härter zu arbeiten, strenger zu sich selbst zu sein und Opfer zu bringen, um voranzukommen. Dann werden Sie vielleicht ein wenig überrascht sein, dass ich Ihnen als Erstes rate: Tun Sie bloß nichts dergleichen! Auch wenn manche Menschen – oder sogar Ihr eigenes Unterbewusstsein – Ihnen etwas anderes einreden wollen: Sie haben nur dieses eine Leben. Und hätten Sie ein anderes, würden Sie dann wirklich auf Ihrem Grabstein lesen wollen: »Er war ein Langweiler, aber er hat sich für die Firma aufgeopfert. Die Buchhaltung dankt.«? Wohl kaum. Die Wahrheit ist: Wer sich aufopfert, gibt bei Weitem nicht alles. Denn Sie können gar nicht alles geben, wenn Sie sich aufopfern. Als Opfer sind Sie nicht halb so stark, wie Sie sein könnten. Nur wenn Sie aktiv handeln, können Sie alles geben. Und nur wenn Sie alles geben und sich mit ganzem Herzen einbringen, werden Sie auch alles bekommen, was Sie sich wünschen. Wirklich, nicht nur im Märchen. Überall, nicht nur in Ihrem Job. Auch in Ihren Beziehungen, Ihrem persönlichen Wachstum, Ihren materiellen Umständen und Ihrem Glücksgefühl.

Alles geben für den Job?

Vielleicht behauptet Ihr Chef, dass Sie alles geben müssen, wenn Sie vorankommen wollen – nämlich dann, wenn Sie zu mehr Überstunden, mehr persönlichem Einsatz und weniger Lebensqualität Ja sagen sollen. Vielleicht ist er einer von diesen Überfliegern, die morgens als Erste im Büro sind und abends als Letzte gehen. Und weil er alles gibt, verlangt er das natürlich auch von Ihnen. Allerdings wird er Ihnen dennoch kaum versprechen, dass Sie *alles* bekämen, was Sie wollten. Bestenfalls eine Gehaltserhöhung oder eine Beförderung. Mehr würden Sie ihm auch wohl kaum glauben. Vielleicht glauben Sie selbst, dass Sie sich als Selbstständiger für Ihre eigene Firma aufopfern müssten, um Erfolg auf dem Markt zu haben.

Was aber, wenn Sie sich mehr wünschen als rein materiellen Erfolg? Beispielsweise mehr Stressfreiheit, mehr Lebensfreude, angenehmere Arbeitsbedingungen, eine glückliche Beziehung, ein harmonisches Familienleben. Etwas mehr Anerkennung im Beruf und deutlich mehr Geld können natürlich auch nicht schaden. Wenn Ihr Chef sagt, Sie sollen alles geben, meint er schließlich vor allem, dass Sie sich aufopfern sollen. Und nicht etwa, dass Sie alles geben sollten, weil das *für Sie selbst* das Beste ist, was Sie tun können. Doch genau darum geht es. Lesen Sie, wie Sie herausfinden können, was Sie wirklich antreibt und wie Sie Ihren Weg selbstbestimmt gehen.

Teil I

Selbstbestimmung macht glücklich

Tun Sie, was Sie wollen

Was Freude macht, motiviert

Warum arbeiten Selbstständige oft 80 Stunden in der Woche, ohne auszubrennen? Weil sie *für sich* arbeiten, weil sie *selbst bestimmen*, was sie tun. Weil es ihnen Freude macht und sie befriedigt. Bezeichnenderweise beginnen sie dann, sich ebenfalls – und dann in ganz besonderem Maße – ausgebrannt zu fühlen, wenn sich ihre Arbeit verselbstständigt, wenn sie also nicht mehr tun, was sie tun, weil sie es wollen, sondern weil sie glauben, es tun zu *müssen*.

Wenn Sie nicht selbstständig sind, müssen Sie tun, was Ihr Chef will. Wenn Ihr Ehepartner dominant ist, müssen Sie tun, was Ihr Partner will. Wenn Sie dies und das wollen, müssen Sie dieses und jenes tun … Und wenn Sie selbstbestimmt handeln – dann »müssen« Sie tun, was Sie selbst wollen. Das aber würden Sie wohl kaum als lästigen Zwang empfinden.

Selbstständig ist nicht gleich selbstbestimmt

Selbstbestimmt leben und handeln zu können, liegt in unserer Natur. Alles im Menschen sträubt sich dagegen, Zwängen und Bevormundung zu folgen. Ganze Kriege wurden für die Freiheit geführt. Es wäre aber ein Irrtum zu glauben, Sie könnten nur frei sein, wenn Sie selbstständig sind. Sie müssen nicht verzweifeln, wenn Sie angestellt sind. Selbstständig ist nicht dasselbe wie selbstbestimmt. Viele Selbstständige fühlen sich getrieben und als Spielball der Notwendigkeiten. Sie haben keineswegs das Gefühl, frei zu sein und zu tun, was sie wollen. Vielleicht sagt ihnen niemand, was sie tun sollen – doch die Umstände diktieren es. Scheinbar. Dabei hat aber fast jeder Selbstständige mit dem Gefühl von Freiheit angefangen und alles zu geben versucht, um seinen Traum wahr zu machen. Und auch Sie haben, selbstständig, angestellt oder arbeitsuchend, die Möglichkeit, selbstbestimmt zu handeln.

Nicht die Umstände, wir selbst entscheiden

Ob Sie selbstbestimmt sind, entscheiden nicht die Umstände, sondern Sie selbst! Wenn Sie ständig von Ihrem Chef angetrieben werden, noch mehr aus sich herauszuholen, wenn Sie sich keine Fehler leisten dürfen, wenn Sie vielleicht sogar mit dem Verlust Ihres Arbeitsplatzes bedroht werden, hört sich das verrückt an. Auch wenn Sie gerade keinen Job haben. Oder auch, wenn Sie selbstständig sind, aber sich von den Umständen getrieben fühlen.

Was Sie tun können, und zwar immer: die Lage neu bewerten.

Wenn der innere Antrieb fehlt

Wenn Ihr Chef Ihnen eine Aufgabe überträgt, dann können Sie es tun, weil er es will und Sie es tun müssen. Das ist meist nicht sehr befriedigend. Ihre Pflicht lässt Ihnen keine Freiheit, Sie fühlen sich in ein Korsett aus Zwängen gepresst. Vielleicht versuchen Sie, alles zu geben – aber das können Sie gar nicht, da Ihnen der innere Antrieb fehlt. Wenn Sie arbeitslos sind, müssen Sie einen Job finden, um Ihre Familie zu ernähren. Ihnen steht vielleicht das Wasser bis zum Hals und abgesehen von den Finanzen macht es Ihnen auch noch zu schaffen, dass es viele Menschen gibt, die auf Arbeitslose als Faulpelze und Schmarotzer herabsehen. Sie müssen sich bewerben und alles versuchen, aber mit jeder Absage fällt es Ihnen schwerer. Sind Sie selbstständig, fühlen Sie sich vielleicht von der Verantwortung und der Fülle der anstehenden Aufgaben erdrückt und getrieben.

Eine Frage der Bewertung

Sie können aber, ohne an den äußeren Umständen etwas zu ändern, Ihre Situation ganz anders erleben, wenn Sie Ihre Bewertung auf eine sinnvolle Basis stellen.

- Dann tun Sie, was der Chef will, weil er es will *und* weil Sie Ihren Job gut machen *wollen.*
- Dann suchen Sie nach einem guten neuen Job, weil es wichtig für Sie ist und *weil Sie es aus ganzem Herzen wollen.*
- Dann tragen Sie die Verantwortung wie einen Orden, den Sie mit Stolz tragen *wollen*, nicht wie einen Sack Kartoffeln.

Müssen mit Wollen verbinden

Versuchen Sie sich diesen Gedanken vollkommen klarzumachen: Ich muss etwas tun – das gibt es nicht. Jedes »Ich muss …« ist fest mit einem »wenn ich … will« verbunden. Das ist ein einfacher, aber sehr befreiender Gedanke. Es macht einen gewaltigen Unterschied, ob Sie sagen: »Ich muss diese Aufgabe erledigen« oder: »Ich muss diese Aufgabe erledigen, wenn ich jenes Ziel erreichen will.« Genau das ist nämlich der Unterschied zwischen Pflicht und Freiheit.

Statt zu sagen »Ich muss diese Aufgabe erledigen, wenn ich jenes Ziel erreichen will«, können Sie auch sagen: »Ich *will* jenes Ziel erreichen und dazu *will* ich diese Aufgabe erledigen.« Es gibt nichts, was Sie tun müssen, wenn Sie es nicht auch tun wollen. »Ich muss atmen« heißt genau genommen: »Ich muss atmen, wenn ich leben will.« Oder: »Ich *will* leben, also *will* ich atmen.«

»Ich fühle mich in meinem Job gefangen. Ich muss arbeiten« oder: »Nein, ich will arbeiten, weil ich essen und trinken will, mir Annehmlichkeiten gönnen will, ein anerkannter Teil der Gesellschaft sein will, meine Familie ernähren will, etwas Sinnvolles tun will.«

Pflicht zum Wunsch machen

Wenn Sie all das nicht wollen, wenn Sie nicht (oder nur wenig) essen und trinken, wenn Sie keinen Luxus wollen, wenn Sie kein Interesse daran haben, als nützlicher Teil der Gesellschaft anerkannt zu werden, wenn Sie Ihre Familie nicht ernähren wollen – dann müssen Sie nicht. Es ist natürlich sehr gemein, das so zu sagen. Natürlich wollen Sie ein normales, nein, eigentlich ein gutes Leben führen und wollen, dass es Ihrer Familie gut geht. Aber machen Sie sich ganz klar, dass Sie das wollen und daher auch das andere: Sie wollen Ihren Job oder Ihre Jobsuche gut machen – nicht als Pflicht, sondern als festen Bestandteil Ihres Wunsches! Die Befreiung vom Müssen ist nur ein kleiner Schritt. Aber wenn Sie das einmal in sich einsinken lassen, werden Sie sehen:

Es gibt keine Umstände, die Sie zwingen, etwas zu tun. Es ist immer und ausschließlich Ihr Wille, der Sie zwingt.

Wenn Sie sich erst einmal ganz und gar darüber im Klaren sind, dass Sie ohnehin nur das tun, was Sie wollen – vielleicht kommen Sie dann noch auf ganz andere Ideen …

Nur wer den Schmerz kennt, kann sich vom Schmerz befreien

Muss das wirklich sein, dass wir über so etwas Unangenehmes wie Schmerzen sprechen? Ja. Das muss sein. Ich möchte Ihnen weder Kopf- noch Bauchschmerzen verursachen. Aber ein bisschen werde ich in einer Wunde bohren. Einer Wunde, von der Sie vielleicht noch gar nichts bemerkt haben.

Bewusster oder unterschwelliger Schmerz

Es geht um den Schmerz, den Sie bewusst oder unterschwellig fühlen, um den Schmerz, der Sie dazu gebracht hat, dieses Buch zu lesen. Es geht um den Schmerz, den Sie mitunter fühlen, wenn Sie über Ihr Leben nachdenken. Eines der Symptome könnte sein, dass Sie sofort wieder mit dem Nachdenken aufhören, wenn es (das Nachdenken) Ihnen einmal ganz gegen Ihren Willen passiert. Oder dass Sie gar nicht erst mit dem Nachdenken über Ihr Leben anfangen. Das ist übrigens gar keine so schlechte Strategie, wie wir später noch sehen werden. Aber es ist keine gute Strategie, um damit anzufangen, etwas zu verändern.

> Nur wenn Ihnen Schmerzen bewusst sind und wenn Sie wissen, woher sie kommen, können Sie sich von ihnen befreien. Und dann können Sie sie vergessen. Dann sollten Sie es sogar.

Etwas Wesentliches fehlt

Welcher Schmerz denn? Ihnen geht's doch gut. Oder wo tut's denn weh? Wenn Sie kein Erleuchteter, kein Heiliger, kein Weiser, kein vollkommen erfüllter, in sich ruhender Mensch sind, *sollte* es wehtun! (Falls Sie erleuchtet, weise, heilig und vollkommen erfüllt sind – schmeißen Sie endlich das verdammte Buch weg und genießen Sie Ihr Leben!) Der Ort, an dem es wehtut, ist Ihre Seele. Oder Psyche, Geist, Unterbewusstsein, Lebensgefühl… Der Schmerz, den ich meine, ist das Gefühl, dass etwas Wesentliches in Ihrem Leben fehlt, dass Ihr Leben nicht wirklich erfüllt ist, dass Sie sich irgendwie eingerichtet haben. Das Gefühl, dass Sie eigentlich viel mehr könnten, vor allem glücklicher sein. Das Gefühl einer unerträglichen, unnötigen und selbstverschuldeten Mittelmäßigkeit, die vollkommen unbefriedigend ist und mit der Sie sich irgendwie versuchen abzufinden.

Das alles tut weh. Wenn wir hinsehen. In der Regel sehen wir lieber weg. Wir merken nur, dass es wehtut, wenn wir es uns bewusst machen, wenn wir über unser Leben nachdenken. Im Grunde wissen Sie das ja ganz genau. Sie werden wohl kaum davon ausgehen, dass Ihnen beispielsweise Rauchen nicht schadet, auch wenn Sie es nicht direkt merken, sondern erst der Pathologe über die schwarze Raucherlunge und das riesige Krebsgeschwür staunt. Und auch mit dem »seelischen Krebs« der verdrängten Unzufriedenheit ist es nicht anders. Dass man nicht hinsieht und dann auch erst einmal nichts spürt, heißt nicht, dass es nicht schadet. Irgendwann hat sich das Problem so weit in die Seele gefressen, dass es unübersehbar wird. Dann werden Menschen tief depressiv, verhalten sich aggressiv, werden krank oder fangen an zu trinken. Und zwar nicht nur Wasser.

Nachdenken, Nachfühlen, Loslassen

Schmerz weist auf Problem hin

Natürlich ist Grübeln keine gute Strategie, um den Seelenschmerz zu überwinden. Eher im Gegenteil. Grübeln macht seelisch krank, wenn man es übertreibt. Nachdenken und Nachspüren ist nur der erste Schritt: sich klar werden, dass der Schmerz da ist und wo er sitzt. Das ist ja genau die Aufgabe von Schmerzen. Sie sollen auf ein Problem hinweisen. »Verdammt noch mal, tu endlich was!«, rufen sie uns zu. Ist das Problem klar und werden Schritte unternommen, die Ursachen zu überwinden, werden Schmerzen unnötig. Sogar schädlich. Sie hindern uns dann daran, uns ganz auf die Lösung zu konzentrieren.

Es ist sehr, sehr wichtig, den Schmerz zu erkennen und etwas gegen die Ursachen zu unternehmen. Erst sehen Sie, dass etwas schiefläuft. Sehen Sie genau hin, in welchen Bereichen Ihres Lebens etwas fehlt, welche Herzenswünsche unerfüllt blieben, welche Potenziale unausgeschöpft, welche Fähigkeiten noch nicht entwickelt wurden, was Sie noch alles erreichen können. Dann reicht's aber. Wissen Sie um die Probleme, erarbeiten Sie Lösungen. Dann, wenn Sie Ihren Seelenschmerz kennen und die Ursache Ihrer Unzufriedenheit, Ihres Nicht-erfüllt-Seins angehen – dann ist das Nachdenken, das Grübeln nicht nur unnötig, sondern schädlich. Durch Nachdenken und Grübeln lernen Sie nur, mehr nachzudenken und mehr zu grübeln.

Die Nachdenkphase

Jetzt sind wir noch in der kurzen Nachdenkphase. Das heißt: Nachdenken und Nach*fühlen*. Können Sie den Schmerz fühlen? Geht es Ihnen nicht so, dass Sie beim Nachdenken und Nachfühlen über Ihr Leben den Eindruck haben, Sie könnten eigentlich mehr? Und natürlich können Sie mehr! Sie können mehr Befriedigung bei Ihrer Arbeit erleben. Sie können Sinn in Ihrem Leben entdecken. Sie können eine glückliche Beziehung leben, das Leben wirklich genießen, mehr Anerkennung und sogar mehr Geld haben.

Vom Wünschen zum Wollen zum Tun

Sich etwas zu wünschen ist okay. Es zu wollen ist gut. Etwas dafür zu tun ist besser. Doch das reicht immer noch nicht. Wenn Sie alles bekommen wollen, was Sie wirklich gern hätten, müssen Sie alles geben. Nicht Ihr ganzes Geld, nicht Ihre ganze Freizeit, nicht Ihre ganzen Gewohnheiten und auf gar keinen Fall auch nur ein bisschen Lebensfreude. Aber alles von Ihrem Selbst. Ihr ganzes Herz.

Außerdem können Sie ein paar Dinge ohne Weiteres ganz abgeben. Zunächst einmal alle Vorurteile und vorgefassten, negativen Meinungen darüber, was Sie angeblich alles *nicht* können. Auf den Müll damit! Vorurteile und Glaubenssätze, die Sie behindern, wie: »Etwas wirklich Großartiges schaffe ich sicher nicht – ich wäre schon mit ein bisschen mehr zufrieden.« Weg damit! Denn jeder dieser Sätze hindert Sie daran, alles zu geben.

Glück kann man doch kaufen

Theorien sind bekanntlich grau. Es fehlt ihnen das Bunte, Lebendige, Sinnliche. Deshalb möchte ich Ihnen ein kleines Experiment ans Herz legen. Der Versuchsaufbau ist ganz einfach. Es kostet Sie fast nichts. Nur ein paar Minuten und ein paar Cent.

Glücks-Experiment

Ganz gleich, wie Sie materiell gestellt sind – Sie haben bestimmt nicht genug, um das Geld aus dem Fenster zu werfen. Doch genau das sollen Sie nun tun. Nicht aus dem Fenster und nicht allzu viel: 10 Cent. Wenn Sie das nächste Mal unterwegs sind, beispielsweise beim Einkaufen, lassen Sie 10 Cent fallen. Dann gehen Sie ein paar Schritte weiter und beobachten unauffällig, wie jemand die Münze findet. Beobachten Sie den Gesichtsausdruck. Was Sie sehen werden, ist Glück. Für nur 10 Cent haben Sie – im reichen Deutschland! – einen Menschen glücklich gemacht. Ist das nicht ein Wahnsinn, welche Macht Sie haben?

Doch was Sie gesehen haben, ist noch lange nicht alles. Als Harvard-Psychologen dieses Experiment durchführten, stellten sie fest, dass die Hilfsbereitschaft der Münzenfinder um 400 Prozent anstieg. Hätten Sie gedacht, dass Sie die Welt messbar besser machen können, indem Sie 10 Cent zum Fenster hinauswerfen? Ist es nicht erstaunlich, mit welch kleinen Mitteln Sie etwas verändern können? Und: Wie fühlen Sie sich dabei?

Kleine Maßnahme – große Wirkung

Wenn Sie aber schon mit so kleinen Maßnahmen so viel bewirken – was wird Ihnen wohl möglich sein, wenn Sie mehr tun? Mehr Dinge, die Ihnen nicht wehtun und bei denen Sie viel mehr zurückbekommen, als Sie gegeben haben. Dass es Ihnen nicht wehtut, ist dabei ganz, ganz wichtig! Stellen Sie sich vor, Sie hätten für das Experiment einen 500-Euro-Schein statt der 10 Cent verwendet. Die 500 Euro hätten Ihnen wahrscheinlich wehgetan. Aber nicht nur das – auch der Finder wäre überraschenderweise nicht so gut weggekommen. Statt sich unbeschwert glücklich zu fühlen, hätte er mit sich gerungen, ob er das Geld einfach einstecken oder den Besitzer suchen soll. Hätte er es behalten, hätte er Zeit darauf verwendet, darüber nachzugrübeln, was er denn kaufen sollte oder ob der Schein echt ist. Und wahrscheinlich hätte er auch noch ein schlechtes Gewissen gehabt.

Alles geben bedeutet eben nicht, sich zu verausgaben, zu leiden oder einen Teil seines Selbst ganz und gar aufzugeben. Es geht doch nicht darum, dass Sie Ihren gesamten Besitz verschenken sollen. Außer, wenn Sie das aus ganzem Herzen tun könnten. Aber das ist eine ganz andere Geschichte … Halten wir einmal fest:

> Geben ist kein Verlust. Es wird in der Regel ein Gewinn sein – wenn es nicht wehtut.

Was keinen Spaß macht, ist nicht lustig

Götter schwitzen nicht

Vor den Erfolg, heißt es, hätten die Götter den Schweiß gesetzt. Von wegen! Lassen Sie sich nicht täuschen. Die Götter haben nichts dergleichen getan. Götter und Götterlieblinge transpirieren nicht. Fragen Sie sich lieber einmal, wem dieser Spruch nützt. Ihnen? Eher nicht. Die Aussage lautet: Sie müssen sich quälen, wenn Sie erfolgreich sein wollen. Aber was für ein Erfolg soll das denn sein, der Ihnen Qualen bereitet? Damit wir uns nicht missverstehen: Mitunter strengen Sie sich natürlich an, um etwas zu erreichen. Aber – und das ist das Entscheidende – die Anstrengung macht Ihnen bereits Spaß!

Beispiel Kampfsport

Um den Schwarzen Gürtel in einer Kampfsportart verliehen zu bekommen, muss man einige Arbeit leisten. Natürlich ist das anstrengend. Doch wozu braucht man so einen albernen Gürtel, wenn einem das Ganze gar keinen Spaß macht? Ich wäre nie auf die Idee gekommen, mich über das harte Training oder ein paar blaue Flecken zu beschweren – es hat mir immer einen Riesenspaß gemacht. Ich habe alles gegeben. Und deswegen ist es mir relativ leichtgefallen, solche Prüfungen zu bestehen. Nun gab es tatsächlich ein paar verbissene Sportskameraden. Man konnte ihnen ansehen, dass der Sport ihnen nicht wirklich Freude bereitete. Sie hatten nur den Ehrgeiz, diesen Schwarzen Gürtel zu bekommen. Weiß der Himmel warum. Sie haben es auch geschafft. Aber dadurch, dass sie nicht alles gegeben haben, haben sie auch nicht alles bekommen. Für sie war es ein Tauschgeschäft, harte Arbeit und eine schwere Entscheidung: Schwarzer Gürtel oder Spaß. Ich habe es mir leicht gemacht, indem ich Spaß an der Sache hatte und daher alles geben konnte.

Wenn Sport Spaß macht

Ich vermute, dass Sie das Beispiel Sport leicht nachvollziehen können. Glücklicherweise machen ja die meisten Menschen Sport, weil es ihnen Spaß macht. Die, die nur deshalb schwitzen, weil sie Gürtel, Anstecknadeln, Medaillen, bessere Blutwerte oder Fleißbildchen bekommen, sind in der Minderheit. Und sie haben nicht halb so viel davon wie die, die Sport machen, um Sport zu machen, und nicht, um etwas anderes zu tun.

Erstaunlich eigentlich. Denn kaum etwas von dem, was wir normalerweise tun, ist so anstrengend wie Sport. Und dennoch tun wir es in aller Regel gern. Wir nehmen den Sport nicht nur in Kauf – wir tun es freiwillig und mit voller Absicht. Wenn wir es mit ganzem Herzen tun, wenn wir alles geben, bekommen wir alles, was wir dabei wollen: Spaß, Begegnungen mit Freunden, Gesundheit, Glückshormone und sogar Schwarze Gürtel und Pokale. Vor allem aber Spaß. Wenn es keinen Spaß macht, ist es eben gar nicht lustig.

Und jetzt fragen Sie sich doch einmal, warum es bei anderen Tätigkeiten nicht so selbstverständlich ist, alles zu geben und Freude daran zu haben.

Flow-Power

Im sorgenfreien Zustand

»Flow« heißt »fließen«. Gemeint ist ein Zustand, in dem alles rundläuft. Wenn Sie im Flow sind, können Sie alles geben, ohne sich gestresst zu fühlen. Sind Sie im Flow, sind Sie ganz bei der Sache, voll im Jetzt, machen sich keine Sorgen und können Ihre Bestleistung bringen. Und dieser Flow, dieser sorgenfreie Zustand, in dem alles rundläuft, ist einer von mehreren Faktoren, die dazu führen, dass Sie alles erreichen, was Sie wollen. Im Flow zu sein, reicht zwar allein noch nicht ganz – aber der Flow-Zustand ist eine ideale Voraussetzung.

Sie kennen diesen Zustand. Vielleicht haben Sie noch nie von Flow gehört. Doch das Gefühl ist Ihnen vertraut. Sie haben es immer dann erlebt, wenn Sie etwas getan haben, das Ihre ganze Konzentration erforderte, Ihnen aber keine Kopfschmerzen bereitete, etwas, bei dem Sie nicht über andere Dinge des Alltags, sich selbst oder Ihr Leben nachdachten und Sie ein Ziel vor Augen hatten, sich nicht langweilten, etwas, das Ihre Fähigkeiten forderte, aber nicht über Ihr Können hinausging. Und Sie wussten jederzeit genau, ob Sie es richtig machten oder nicht.

Flow im Alltag

Das heißt nicht unbedingt, dass es eine besonders wertvolle Tätigkeit sein muss. Es kann etwas so Banales wie Geschirrspülen sein. Eine ganz alltägliche Tätigkeit, bei der die meisten Menschen im Flow sind, ist beispielsweise Autofahren. Insbesondere dann, wenn man bei wenig Verkehr auf der Landstraße fährt, die Sichtverhältnisse gut sind und man ein durchschnittlich guter Fahrer ist, liegt die Konzentration voll und ganz beim Fahren. Jeder Moment gibt eine Rückmeldung, ob man gerade das Richtige tut. Beim Autofahren ist man ganz im Hier und Jetzt. Die Sorgen und Alltagsnöte sind für den Moment vergessen. Und das ist auch der Grund, warum ziemlich viele Menschen gerne Auto fahren.

Kann man denn gern in einer Metallkiste sitzen, von A nach B rasen, ein Risiko für sein Leben (und das anderer) eingehen und sich dabei wohlfühlen? Man kann. Sogar ganz leicht – denn Autofahren führt bei den meisten Menschen zu Flow. Aber nur, wenn die Bedingungen stimmen. Steht man im Stau, macht es keinen Spaß. Ist es unübersichtlich oder hektisch, ebenfalls nicht. Auch wenn es zu einfach wird, beispielsweise auf der Autobahn, geht der Flow flöten – und deshalb erhöhen sonst ganz vernünftige Menschen den Schwierigkeitsgrad ein wenig und beginnen zu rasen und zu drängeln. Denn dann wird es wieder ein bisschen schwieriger und Sorgen, Alltagsgedanken und Ängste treten in den Hintergrund.

Flow ist immer möglich

Tatsächlich können wir bei den allermeisten Tätigkeiten in Flow kommen. Nur merken wir es nicht so leicht, da wir nicht, wie beim Autofahren (oder beim Klettern, beim Musizieren, beim Tanzen), *gezwungen* sind, alles zu geben. Beim Autofahren oder Sportklettern ist es geradezu lebensgefährlich, nicht konzentriert bei der Sache zu sein. Bei der Arbeit ist das schon seltener der Fall. Doch hätten wir sehr viel davon, gerade in unseren täglichen Verrichtungen, ganz gleich, was wir tun, Flow zu erreichen. Und warum tun wir es dann nicht?

Einer der Gründe ist, dass wir das Glücksgefühl im Flow nicht direkt wahrnehmen. Wir merken nie, dass wir glücklich *sind*, wir merken nur, dass wir es *waren*. Wenn wir es denn überhaupt merken. Bei der Arbeit gehen nämlich die Momente, in denen wir im Flow sind, leicht unter. In den Augenblicken, in denen wir konzentriert, aber nicht überfordert arbeiteten, waren wir sorgenfrei. Doch wenn dieser Zustand beendet ist, haben wir in der Regel gar keine Zeit, uns das bewusst zu machen. Wir vergessen, dass wir uns wohlfühlten. Dagegen können wir aber durchaus etwas tun, wie wir gleich sehen werden.

Die richtige Anforderung

Bedingungen für Flow

Machen wir uns nochmal ganz klar, was nötig ist, um in diesen Flow-Zustand zu kommen. Es gibt zwei wichtige Bedingungen:

1. Das Können muss den Anforderungen die Waage halten. Wenn die Anforderungen zu hoch sind, kommt es zu Stress, nicht zu

Flow. Wenn die Anforderungen zu gering sind, führt das zu Langeweile – auch eine Form von Stress.
2. Das Ziel und die unmittelbare Rückmeldung sind wichtig. Im Büro oder auch im Haushalt fehlt beides oft. Man wurstelt vor sich hin, ohne dass klar ist, was man nun genau tun soll, wo das Ziel liegt oder was man eigentlich wirklich geschafft hat.

Auf die Tätigkeit selbst kommt es kaum an. Sie kann so anspruchsvoll wie Klettern im höchsten Schwierigkeitsgrad oder Programmieren sein oder so einfach strukturiert wie ein paar Schritte gehen oder Regale einräumen. Wichtig ist nur, dass das Können zum Schwierigkeitsgrad passt.

Beispiel laufen lernen

Für ein Kleinkind ist Gehen eine höchst anspruchsvolle Sache, die die ganze Aufmerksamkeit fordert und die gerade am Rande seiner Fähigkeiten angesiedelt ist. Sehen Sie sich mal ein Kind an, das gerade laufen lernt! Sie werden am Gesichtsausdruck sehen, dass das einen Riesenspaß macht. Kinder lernen ja nicht zu gehen, weil sie sich überlegen, dass man damit eventuell schneller vorankommt als mit Krabbeln und der aufrechte Gang möglicherweise für eine spätere Karriere hilfreich sein könnte. Es macht ihnen einfach Spaß und sie geben alles. Und deshalb lernt auch jedes Kind zu gehen. Ein paar Jahre später läuft es dann 100 Meter in ein paar Sekunden.

Wäre es nicht gut, alles so zu tun, wie ein Kind, das laufen lernt? Mit ganzer Konzentration, aus ganzem Herzen, ohne lange Kosten-Nutzen-Rechnung und mit Spaß? Klar wäre das gut. Und das ist auch machbar, wie wir gleich sehen werden.

Die Dinge ins Fließen bringen

Wenn Sie mit Ihrem Leben nicht ganz zufrieden sind, liegt das in erster Linie daran, dass Sie nicht mit ganzem Herzen tun, was Sie tun. Und deshalb erleben Sie nicht so häufig Flow. Andererseits ist es schon verständlich, dass es Ihnen schwerfällt, alles zu geben, wenn Sie nicht oft genug Flow-Erlebnisse haben. Das ist ein Teufelskreis.

Aktiv in Flow kommen

Nun ist es aber glücklicherweise nicht Glückssache, ob Sie in dieses konzentrierte, selbst- und sorgenvergessene Fließen kommen. Sie können aktiv dafür sorgen, Flow häufiger zu erleben:

- Indem Sie sich ein klares Ziel setzen.
- Indem Sie dafür sorgen, immer Bescheid darüber zu wissen, ob Sie sich gerade in die richtige Richtung bewegen.
- Indem Sie Können und Anforderungen einander angleichen.
- Und indem Sie sich eine halbe Stunde Zeit geben, um in Flow zu kommen – so lange dauert es nämlich in der Regel, bis das Gehirn »umschaltet«.

Gar nicht so furchtbar schwierig. Aber auch gar nicht so leicht: Klare Ziele, gutes Feedback, die richtige Anforderung und dann auch noch Geduld.

Wenn der Chef sich querstellt

Zuerst aber mal die einfachste Methode, in Flow zu kommen: Machen Sie es sich bloß nicht zu schwer. Und lassen Sie es sich auch nicht zu schwer machen. Es führt zu Stress, nimmt Ihnen die Lebensfreude und macht Flow unmöglich. Aber das ist noch nicht alles. Ihr Chef oder Sie selbst, wenn Sie Ihr eigener Chef sind, werden nicht so überzeugt sein, wenn Sie sagen: »Ich möchte lieber etwas weniger arbeiten, weil ich sonst nicht im Flow bin.« Die Wahrscheinlichkeit ist recht hoch, dass Ihr Vorgesetzter Ihnen einen Vogel zeigt, wenn Sie ihm mit so etwas kommen. Sie arbeiten ja, um eine Leistung zu bringen, um Gewinn zu erwirtschaften, um die Firma am Laufen zu halten. Und nicht um möglichst wenig Stress, möglichst viel Lebensfreude und so oft wie möglich Flow zu erleben. Leider. Das ist nicht nur schade, sondern auch traurig und vor allem überaus kurzsichtig und ineffektiv. Vorerst aber wollen wir noch nicht die ganze Welt verbessern. Also lassen wir Ihren Chef, wie er ist. Aber machen Sie sich klar:

> Wenn Sie nicht im Flow sind, sinkt nicht nur Ihre Lebensfreude, sondern ebenso Ihre Leistungsfähigkeit und Ihre Effizienz.

Wenn Sie nur noch genervt darüber sind, dass man Ihnen immer mehr abverlangt, können Sie nicht Ihr Bestes geben, sosehr Sie sich auch quälen. Sosehr Sie oder Ihr Vorgesetzter das auch wollen, Sie können nicht mit der rechten Hand einen Auftrag bearbeiten, mit der linken Hand eine E-Mail schreiben und gleichzeitig mit einem Kunden am Telefon einen Vertrag aushandeln.

Manchen Menschen wächst irgendwann alles so über den Kopf, dass sie mit Burnout zusammenbrechen. Oder gerade noch die Reißleine ziehen und sich innerlich völlig von ihrem Job verabschieden. Aber wenn Sie den Schluss ziehen, es wäre am besten, wenn Sie einfach alles an sich vorüberziehen lassen, sich jeder Leistung zu verweigern, nur das Nötigste zu tun und die Hände in den Schoß zu legen, liegen Sie genauso daneben, wie wenn Sie sich überfordern (lassen). Liegt Ihr Können deutlich über den Anforderungen, führt das nämlich ebenfalls zu Stress. Es gibt kaum etwas Stressigeres als Langeweile, das Gefühl unterfordert zu sein und sich durch Monotonie zu quälen. Auch dann sind Lebensfreude und Flow unmöglich. Führen Sie doch mal ein kleines Gedanken-Experiment durch:

Wenn Burnout droht

Gedanken-Experiment

Stellen Sie sich vor, Sie nehmen an einer psychologischen Untersuchung teil, bei der es darum geht, wie gut man Bauklötzchen aufeinanderstellen kann. Sie können an einer von drei Gruppen teilnehmen.

Die erste Gruppe A hat die Aufgabe, einfach irgendwie die Steine aufzuhäufen. Eine Stunde lang. Es kommt weder auf Geschwindigkeit noch auf Höhe des Haufens an. In der zweiten Gruppe B haben Sie die Aufgabe, einen Turm so hoch wie möglich zu bauen. Sie haben eine Stunde Zeit. Im dritten Raum sollen die Teilnehmer der Gruppe C ebenfalls hohe Türme bauen. Die Anweisung lautet: mindestens 10 Klötzchen pro Minute – schafft man das nicht, bekommt man einen unangenehmen Pfeifton zu hören.

- In welche Gruppe würden Sie am ehesten gehen? Und warum?
- Welche Gruppe hat den höchsten und welche den niedrigsten Stress?
- Welche Gruppe wird sich am wohlsten und welche am unwohlsten fühlen?
- In welcher Gruppe wurde wohl der höchste Turm gebaut?

Ich glaube, dass Sie sofort erkannt haben, um was es geht. Eine Stunde lang Bauklötzchen auf einen Haufen zu scharren, wie in Gruppe A, ist entsetzlich öde. Man ist nicht im Flow, weil man schrecklich unterfordert ist. Kaum erfüllbare Vorgaben und Bestrafungen, wie bei Gruppe C, sind Stress pur. Von Flow kann keine Rede sein. Der Turm wird schnell und hastig gebaut – mit zittrigen

Die richtige Anforderung beim Tun

Händen. Und wenn man nun, wie Gruppe B, die Aufgabe hat, ohne Druck, aber mit ein wenig Ehrgeiz, einen Turm zu bauen? Naja, vielleicht kein Traumjob – aber es könnte ja durchaus Spaß machen! Dabei könnte man schon Flow erleben und die Stunde würde wie im Flug vergehen.

Anforderungen im Job

Ihr Beruf verlangt von Ihnen wahrscheinlich mehr als Bauklötzchen aufeinanderzuschichten. Und es hängt ja auch mehr davon ab. Wird Ihr Job zu stressig und fordert Ihr Chef immer mehr, ist das keine angenehme Situation und kein Gedanken-Experiment, sondern Realität. Sie müssen und wollen Ihr Bestes geben, aber es ist zu viel oder zu schwierig. Ihnen bricht der Schweiß aus und Sie arbeiten völlig gestresst, immer mit dem Blick auf die Uhr, ob Sie es in der Zeit noch schaffen.

Oder Sie konzentrieren sich ganz auf das, was Sie tun, und arbeiten in dem Tempo, bei dem Sie merken, dass Sie weder über- noch unterfordert sind, bei dem die Tätigkeit angenehm ist. Ihre Fähigkeiten wachsen dabei mit.

Vielleicht schaffen Sie mit keiner der beiden Strategien die Vorgaben, wenn sie zu hoch sind. Bei der ersten Vorgehensweise wird ein großer Teil der Energie auf die Angst vor dem Versagen, auf Sorgen um mögliche Konsequenzen und vielleicht auch noch Selbstzweifel, vielleicht aber auch auf Wut über die Lage vergeudet – Energie, die nicht in die Produktivität und Ihre Lebenszufriedenheit fließt.

Produktivität im Flow erhöhen

Doch die zweite Strategie führt in jedem Fall zu mehr Produktivität als die erste. Bei der zweiten Strategie können Sie sich wohlfühlen *und* gleichzeitig mehr schaffen, auch wenn Sie mit hohen Anforderungen konfrontiert sind! Schwitzen und Angst haben bringt nichts. Ganz egal, wie sehr Sie sich verausgaben und sich stressen lassen: Besser als optimal geht nicht. Auch nicht im Kopfstand. Sie sind am effizientesten und besten, wenn Sie im Flow sind. Gleichzeitig sind Sie dann auch am ausgeglichensten und zufriedensten.

Wenn Sie in Ihrer Arbeit aber nicht völlig überfordert sind, sondern eher Unterforderung und Langeweile auf die Nerven gehen, gibt es viele verschiedene Möglichkeiten, Flow herzustellen.

Ich habe schon vor einer ganzen Weile verstanden, dass es nicht so wichtig ist, was man tut, sondern vielmehr wie, mit welcher Einstellung man es tut. In seinem ganzen Umfang wurde mir das aber erst bewusst, als ich einmal Menschen zur Arbeitszufriedenheit (für ein anderes Buch) interviewte und mich mit einer Kassiererin im Supermarkt unterhielt, die ganz offensichtlich vollkommen glücklich mit ihrem Job war. Zumindest sah es so aus: Sie war stets gut gelaunt, lächelte und plauderte trotz der Hektik mit den Kunden. Ich konnte mir ehrlich gesagt kaum einen öderen Job vorstellen, als stundenlang an einer Supermarktkasse zu sitzen und Preise mit dem Scanner zu erfassen. Acht Stunden täglich, mindestens fünf Tage die Woche. Wie war es möglich, dass dabei jemand zufrieden wirkte? Das Gespräch mit Marianne war wirklich erhellend.

Beispiel Marianne

Marianne erzählte mir, dass sie fast immer gute Laune hätte und ihr Job ihr Spaß machte, weil sie die Monotonie mit »Extra-Aufgaben« durchbrach. Zunächst hatte sie es sich zur Aufgabe gemacht, jeden Kunden bewusst anzulächeln, freundlich zu begrüßen und ein paar Worte mit ihm zu wechseln, ohne dabei mit dem Einscannen der Waren langsamer zu werden. Das verlangte natürlich ein ziemliches Maß an Konzentration. Es durften ja auch keine Fehler passieren. Marianne sagte, dass die Zeit sich ganz anders anfühlte, dass es sich manchmal anfühlte, als würde sie sich völlig entspannen und als liefe alles wie von selbst. Marianne war zum Erstaunen ihrer Kolleginnen die schnellste Kassiererin, obwohl sie mit den Kunden plauderte. Sie konnte direkt sehen, wie sich ihre Freundlichkeit ausbreitete. Menschen, die jeden Tag kamen, fragten nach ihr, wenn sie einmal im Urlaub war. Und bestimmt gab es sogar Kunden, die wegen ihr gerade diesen Supermarkt bevorzugten. Die Freundlichkeit, die sie gab, kam verstärkt zu ihr zurück. Nach einer Weile begann sie damit, ihre Tätigkeit weiter aufzupeppen: Sie versuchte die Preise, während sie die Waren durch den Scanner zog, im Kopf zusammenzurechnen. Ich bin nicht schlecht im Kopfrechnen, doch dabei hätte ich wohl ziemlich schlecht abgeschnitten. Sie war jedoch so perfekt in dieser Kunst, dass sie die Preise fast genauso gut und schnell zusammenrechnen konnte wie der Computer. Ich glaube, wenn sie wollte, könnte sie damit in einer Fernsehshow auftreten. Jedenfalls machten diese zwei »Tricks« aus ihrem im Grunde eintönigen Job eine befriedigende Flow-Tätigkeit.

Job auf Befriedigung optimieren

Ich möchte wetten, dass Sie es einfacher haben: Ihr Job ist sicherlich interessanter als der einer Kassiererin. Aber ebenso könnte ich wetten, dass Sie bei Ihrem Job nicht so zufrieden sind. Und nun fragen Sie sich selbst: Geben Sie wirklich alles, in dem Sinn, dass Sie Ihren Job auf Befriedigung und Flow hin optimieren?

Wenn Sie das tun, sind Sie schon ein gewaltiges Stück näher an dem, was Sie wollen. Denn ein befriedigender Job, bei dem Sie Ihre Fähigkeiten optimal einsetzen, ist ein ganz wichtiger Teil des Lebens. Und wie Sie sehen, können Sie einen Job, der Sie unterfordert, in einen optimal fordernden Job verwandeln – und dabei können Sie nur gewinnen.

Opfer oder Macher?

Und nur dann können Sie auch alles bekommen, was Sie wirklich wollen: Wenn Sie optimal effizient sind, werden Sie Ihren Job natürlich gut machen. Das könnte Ihre Beförderungschancen erhöhen, Ihnen mehr Anerkennung und eine Gehaltserhöhung eintragen. Sicher – auch wenn Sie sich stressen und quälen, wenn Sie Ihre Freizeit, Ihr Wohlbefinden und Ihre körperliche und seelische Gesundheit für den Job opfern, können Sie wahrscheinlich ebenfalls beinahe so hohe Leistungen erbringen. Und doch gibt es einige gravierende Unterschiede: Ein Opfer hat eine andere Ausstrahlung als ein Macher. Ein unglücklicher, gestresster Mensch eine andere als ein ausgeglichener und zufriedener. Das wird keiner übersehen können. Auch Ihr Chef nicht.

Ruhe ausstrahlen

Wen würden Sie eher befördern? Jemanden, der seinen Job perfekt erledigt, aber ganz offensichtlich ziemlich gestresst damit ist und eine Atmosphäre der Unruhe ausstrahlt? Oder jemanden, der konzentriert und offenbar stressfrei eine (mindestens) ebenso gute Leistung erbringt und dabei Ruhe und Gelassenheit zeigt? Wer ist wohl für einen höheren Posten geeigneter? … Genau!

Nicht nur Ihr Chef und Ihre Arbeitskollegen, sondern auch die Menschen außerhalb Ihres Jobs, Ihre Freunde, Ihre Familienmitglieder, Ihre Bekannten werden spüren, dass Sie in sich ruhen. Und dadurch werden Ihre Chancen, das zu bekommen, was Sie wirklich wollen, weiter steigen.

Flow tritt dann auf, wenn Ihr Bewusstsein mit Erlebnissen gefüttert wird, die in Einklang miteinander stehen. Wenn Sie etwas widerwillig tun, ist das ganz schlecht. Wenn Sie etwas aus Pflichtbewusstsein tun, ist es nur unwesentlich besser. Nur wenn Sie etwas freiwillig, aus ganzem Herzen tun, können Sie Ihr Bestes geben und dabei im Einklang mit sich selbst sein – und damit ungeahnte Energien wecken.

Im Einklang mit sich selbst

Es ist ganz erstaunlich, wie sehr sich die Erlebnisse von Menschen gleichen, die bei dem, was sie tun, immer im Flow sind. Menschen, die völlig unterschiedliche Dinge tun: Sportler, Künstler, Programmierer oder Mystiker – sie alle beschreiben den Zustand, in dem das Leben im Fluss ist und in dem sie eins mit sich selbst sind, mit überraschend ähnlichen Worten. Wenn Sie alles geben, aber nichts opfern, wird das Leben für Sie viel einfacher. Wünschen Sie sich was.

Träume, Vorstellungen, Wünsche – und die wirkliche Welt

Was wäre der Mensch ohne Träume, ohne Wünsche? Entweder ein wunschlos glücklicher Weiser – oder ein fantasieloser Langweiler. Und eins kann ich Ihnen verraten: Die Weisen sind rar gesät …

Vom Traum zum Wunsch gelangen

Erst der Traum von einer anderen Welt, von einem anderen Leben, weckt die Vorstellung, dass es ja auch tatsächlich anders sein könnte, als es ist. Wenn man sich vorstellen kann, dass etwas anders sein könnte, und diese Vorstellung angenehm ist, beginnt man sich vielleicht zu wünschen, dass eine Veränderung eintritt.

Die breite Palette der Wünsche

Sicherlich haben Sie auch so einige Wünsche auf dem Herzen. Ich könnte mir vorstellen, dass einer dieser Wünsche darin besteht, materiell besser gestellt zu sein. Lassen wir erst einmal beiseite, ob die Erfüllung dieses Wunsches Sie dann tatsächlich glücklicher machen würde. Nehmen wir es mal an. Eine Villa am See wäre ja nicht übel …

Was wünschen Sie sich noch? Einmal abgesehen von Dingen, die Sie *haben* wollen. Wie steht es mit etwas, was Sie *sein* wollen? Vielleicht wünschen Sie sich, berühmt zu sein. Oder mächtig. Oder angesehen, respektiert und geachtet. Vielleicht wünschen Sie sich einfach, dass man Sie gern hat. (Im Grunde wünscht sich das jeder Mensch.) Vielleicht wünschen Sie sich, mehr zu wissen oder zu können.

Gut. Und was *tun* Sie nun, damit Ihr Wunsch Realität wird? Nichts? Nicht besonders viel? Auf keinen Fall aber alles. Warum eigentlich nicht?

Da kann es natürlich viele Gründe geben. Vielleicht, weil die Wünsche doch nicht *so* stark sind. Okay, das trifft bestimmt auf einige Wünsche zu, aber doch gewiss nicht auf alle. Sie wissen ja im Grunde ganz genau, dass Sie etwas wollen. Vielleicht ist ein Grund auch der, dass Sie glauben, es ohnehin nicht zu schaffen, dass die Wünsche zu hoch gesteckt sind oder gar, dass Sie nicht gut genug sind? Das sollten wir uns einmal genauer ansehen.

Negative Glaubenssätze – Dimmer für das Lebenslicht

Wahrscheinlich haben Sie zu Hause auch Lampen mit einem Dimmer – wenn Sie an einem Knopf drehen oder eine Taste drücken, wird das Licht schummrig. Der Stromverbrauch nimmt dabei allerdings weniger ab als die Lichtstärke. Wenn Sie also prinzipiell eine dezente Beleuchtung vorziehen, wäre es ziemlicher Quatsch, eine starke Lampe zu verwenden und sie ständig mit dem Dimmer herunterzuregeln. Nicht nur, weil das eine Energieverschwendung wäre, sondern auch, weil beim Herunterregeln meist Störfrequenzen entstehen, die Sie dann im Radio, im Fernseher oder in Ihrer Stereoanlage als lästiges Brummen wahrnehmen. Eine Lampe mit einer niedrigeren Leistungsaufnahme, die Sie dann aber nicht dimmen müssen, gibt das gleiche Licht, spart Strom und verursacht keine Störungen.

Dimmer als Energieräuber

Wundern Sie sich nicht, dass ich Ihnen hier Haushaltstipps gebe. Denn es gibt einen direkten Zusammenhang mit unserem Thema. Es gibt nämlich auch »seelische Dimmer« für Ihr Lebenslicht, für Ihre Lebensfreude, für Ihre Motivation. Und bei diesen Dimmern ist es ganz ähnlich wie bei denen für Lampen. Diese seelischen Dimmer sind Energieräuber. Sie verdunkeln die Leuchtkraft Ihrer Persönlichkeit und verursachen Störungen in Ihrem Leben.

Am schlimmsten sind negative Vorstellungen über sich selbst und die Welt, negative Glaubenssätze, die Sie sich selbst, oft kaum bewusst, vorsagen. Sätze, die so tief in Ihnen verwurzelt sind, dass Sie an sie glauben, selbst wenn Sie ganz genau wissen, dass diese Sätze nicht stimmen *können.*

»Ich kann nichts wirklich Großartiges schaffen.« Wenn Sie diesen Satz lesen oder ihn halblaut vor sich hin murmeln, was fühlen Sie dann? Entspricht es eher dem Gefühl, das Sie haben, wenn jemand sagt: »Draußen ist es kälter als nachts«, oder dem Gefühl, wenn jemand sagt: »Morgen geht bestimmt irgendwann die Sonne auf.« Beim ersten Satz sind Ihre Gefühle wahrscheinlich eher verwirrt, belustigt, neutral oder erstaunt. Beim zweiten Satz sagen Ihre Gefühle Ihnen ganz klar: »Ja. Stimmt.«

Wenn Sie bei dem negativen Glaubenssatz »Ich kann nichts wirklich Großartiges schaffen« mit Überraschung, Amüsement oder Staunen reagieren – wunderbar. Dieser negative Glaubenssatz ist keiner *Ihrer* Glaubenssätze. Sagen Sie allerdings »Ja. Stimmt«, dann empfehle ich Ihnen, diesem Glaubenssatz einmal nachzugehen. Erst recht, wenn Ihre Reaktion noch stärker ausfällt, wenn Sie Kopf und Schultern hängen lassen, traurig werden und bestürzt feststellen: »Genau. Ja, das bin ich.«

Jeder kann Großartiges schaffen

Aber was auch immer an negativen, deprimierenden, abwertenden Selbstbeschreibungen kommt: Es stimmt einfach nicht. Wahrscheinlich wissen Sie selbst, dass diese ganzen negativen Dinge über Sie selbst nicht zutreffen. Sie haben viele großartige Dinge geschafft: Gehen, Laufen, Lesen, Schreiben und noch viel, viel mehr. Nehmen Sie nur eines davon weg – dann sehen Sie, wie beachtlich diese Dinge sind! Und die sollen nichts wert sein? Und das alles haben Sie ganz nebenher gelernt, sodass Sie es überhaupt nicht merkten und sich gar nicht mehr vorstellen können, all diese wunderbaren Dinge nicht zu können. Wie viel können Sie dann erst schaffen, wenn Sie bewusst Ihr ganzes Herz darangeben?

Einfluss der Umgebung

Im Übrigen stammen negative Glaubenssätze nicht von Ihnen selbst. In der Regel sind es Sätze, die Sie irgendwann einmal von Ihren Eltern, Lehrern oder anderen Bezugspersonen gehört haben. Wenn ein Kind so etwas hört, wird es das vermutlich verinnerlichen und zu seiner eigenen Meinung machen. Für ein Kind – beispielsweise für das Kind, das Sie einmal waren – ist das geradezu überlebensnotwendig. Wenn ein Kind die scheinbare Allwissenheit, Macht und Autorität der Eltern infrage stellt (und zwar ernsthaft, nicht nur als Austesten von Grenzen), kommt es in eine unerträgliche Lage: Die Sicherheit, die die Eltern geben (selbst wenn sie ungerecht oder gewalttätig sind), müsste es gegen eine grundlegende Unsicherheit und Einsamkeit tauschen. Und so bleibt nur, die Aussagen der wichtigsten Bezugspersonen anzunehmen und sie ins Selbstbild zu integrieren. Diese negativen Aussagen müssen nicht einmal durch Worte ausgesprochen werden. Ebenso können sie durch Blicke, durch Taten, durch Körpersprache übermittelt werden.

Der innere Miesmacher

Da haben wir den Salat. Wir sagen uns, dass wir stark sind, dass wir positiv denken wollen und alles schaffen. Tschakka! Aber eine kleine, deutlich spürbare Stimme in unserem Inneren sagt trotzdem: »Hm, äh, ich weiß nicht recht … ich glaube, ich schaffe das nicht. Ich bin es nicht wert …« Man würde diesen inneren Miesmacher gern am Kragen packen, kräftig durchschütteln und ihn anschreien: »Jetzt halt doch mal die Klappe. Jammer nicht rum, sondern tu was!«

Doch erstens bekommen wir den Miesmacher, den negativen Pessimisten, den inneren Schweinehund nicht zu packen. Und zweitens wäre es ganz falsch, so vorzugehen. Unsere inneren Stimmen, die allesamt Teile von uns selbst sind, die wir aber nur zu oft gerne zum Schweigen brächten, üben eine große Macht über uns aus. Mehr als Sie glauben. Diesem Aspekt werden wir uns im nächsten Kapitel widmen (siehe Seite 43 ff.).

Überschreien bringt nichts

Aber noch einmal zurück zu diesen negativen Glaubenssätzen. Was machen wir mit denen? Einfach ignorieren? Toll, wenn das geht. Geht aber nicht. Möglicherweise können wir die innere Stimme, die uns mit negativen Selbstaussagen die Dinge miesmacht, einfach überschreien. »Ich will – ich kann – tschakka! – du schaffst es!« Ich kann Ihnen garantieren, dass Sie dabei schnell heiser werden und bald keinen Ton mehr herausbringen (auch wenn Sie nur innerlich schreien). Dann dreht der innere Miesmacher aber richtig auf, und Sie fühlen sich nur noch depressiv.

Übung negativer Glaubenssatz

Probieren Sie doch mal was anderes aus. Etwas, das Sie genauso bei einem Freund machen können, der ständig jammert. Wiederholen Sie den negativen Glaubenssatz. Ihr Freund oder Ihre innere Stimme sagt: »Ich bin nichts wert.« Und jetzt Sie. In einem ganz neutralen Tonfall: »Du bist nichts wert.« Wiederholen Sie es ein paarmal und betonen Sie dabei immer ein anderes Wort: »*Du* bist nichts wert«, »Du *bist* nichts wert«, »Du bist *nichts* wert«, »Du bist nichts *wert.*«

Kommt Ihnen das albern vor? Ja, klar ist das albern. Aber es geht noch alberner. Sagen Sie den Satz ein paarmal in Zeitlupe. Und dann mit Mickymaus-Stimme. Machen Sie das eine Weile. Bis Sie mindestens einmal lachen mussten. Und dann: Achten Sie einmal auf Ihre Gefühle, wenn Sie diese negative Aussage über sich selbst hören. Ich garantiere Ihnen, dass nun kein inneres Kopfhängen und Schultersenken, kein depressives Gefühl oder vages Unbehagen mehr damit verbunden ist.

Wie funktioniert das? Okay, ich versuche das mal theoretisch zu erklären. Wenn Sie an der Theorie nicht interessiert sind, überspringen Sie den Abschnitt einfach.

Atompsychologie

Wie funktioniert innere Wahrnehmung?

Es ist ziemlich schwierig zu sagen, was Gefühle, Gedanken und Vorstellungen eigentlich sind. Im Grunde weiß es jeder, aber wenn er dann diese Dinge genauer beschreiben sollte, müsste er wahrscheinlich passen.

Aber ein bisschen was gibt es natürlich schon zu sagen. Etwas, das ganz praktische Auswirkungen hat und möglicherweise ziemlich überraschend ist. Es ist nämlich so, dass alle Gefühle, Vorstellungen, Gedanken und inneren Vorgänge sozusagen aus »psychologischen Atomen« bestehen. Oder genauer, aus »Wahrnehmungs-Atomen«. Jeder, wirklich jeder innere Vorgang setzt sich aus visuellen, auditiven, taktilen, olfaktorischen, gustatorischen und kinästhetischen Wahrnehmungen zusammen – also aus Bildern, Klängen, Worten, Berührungen, Gedanken, Geruchs- und Geschmackseindrücken und Bewegungen.

Vielfalt der Sinneserfahrungen

Versuchen Sie doch einmal, sich etwas vorzustellen, das nicht sichtbar ist, keinen Klang und kein Wort hat, das Sie nicht berühren können, das unbeweglich ist, nicht riecht und nicht schmeckt... Vielleicht kommen Sie dabei ja auf ein Wort wie »Liebe«. Aber sofort werden Sie Sinneserfahrungen damit verbinden. Zumindest den Klang des gesprochenen oder die Form des geschriebenen Wortes »Liebe«. Vielleicht aber auch die Farbe Rot, möglicherweise ein sehr komplexes Bild, einen lauen Sommerabend an einem See mit einem geliebten Menschen... Vielleicht riechen Sie sogar den Duft der Haut des anderen, schmecken den Kuss, hören das Plätschern des Wassers. Die allermeisten Dinge, die wir uns vorstellen, sind durch eine ganze Horde von Sinneseindrücken repräsentiert. Eigentlich sind sie beinahe schon diese Sinneseindrücke!

Gefühl als komplexes Bauwerk

Und die praktische Anwendung? Stellen Sie sich ein komplexes Gefühl als ein Gebilde aus Bauklötzchen vor. Was geschieht, wenn Sie ein Steinchen wegziehen oder verschieben? Nun, das kommt ganz darauf an. Wenn Sie ganz oben vom Turm ein Steinchen nehmen, ändert sich so gut wie gar nichts. Aber wenn Sie ein Steinchen aus der Mitte nehmen oder gar eines aus dem Fundament herausziehen, kann es geschehen, dass das ganze Ding in sich zusammenfällt! Sie verändern nur einen winzigen Teil und verändern dadurch das Ganze vollkommen. Und nun wieder zurück zu den Gefühlen und Einstellungen.

> Um große Veränderungen zu bewirken, muss man nicht unbedingt viel tun – manchmal genügen Kleinigkeiten.

Und das ist die Erklärung dafür, warum das Herumalbern mit negativen Glaubenssätzen oft eine starke Wirkung hat: Dadurch, dass Sie den Satz auf unterschiedliche, mitunter lächerliche Art und Weise sprechen, verändern Sie ein kleines Bausteinchen im Gesamtbauwerk der Einstellung. Das Bausteinchen, das Sie beim albernen Sprechen verschoben haben, lag ganz unten. Und dieses kleine Verschieben am Fundament des Gefühls kann dazu führen, dass sich der negative Glaubenssatz und das damit verbundene Gefühl in einen undefinierbaren Haufen auflöst. Ist das nicht faszinierend? Und mit anderen Gefühlen kann man ähnlich vorgehen, beispielsweise bei Ängsten oder Zwangsvorstellungen. Mit etwas Glück kann dann ein Problem, das einen jahrelang quälte, mit einem Mal verschwinden.

Nun, bei aller Begeisterung: Der menschliche Geist ist aber meist doch zu komplex, um so leicht ausgetrickst zu werden. So kann es passieren, dass der Glaubenssatz kurzfristig keine Wirkung zeigt – doch die »Blaupausen« des negativen Gefühls sind noch da. Und es dauert nicht lange, bis unser Unterbewusstsein den negativen Glaubenssatz wieder rekonstruiert hat. Na gut – dann bringen wir den Turm eben immer wieder zum Einstürzen! Bis es automatisch geschieht und uns gar nicht mehr bewusst wird. Das nennen wir dann »gute Gewohnheit«. Und die ist überhaupt eine der stärksten Kräfte.

So, das war's erstmal mit der Theorie. Wir werden später noch über andere Mechanismen unseres Geistes sprechen, die mindestens ebenso interessant und wirksam sind. Aber vielleicht wollen Sie sich einmal die Grundaussage merken:

Kleine Veränderungen können Großes bewirken. Und jedes Gefühl setzt sich aus Sinneseindrücken zusammen.

Aber lassen Sie uns noch einmal zum Thema Wünsche zurückkommen.

Wenn Schweine fliegen könnten

Die Kraft der Wünsche

Wünsche haben eine große Kraft. Wenn man sich etwas sehr wünscht und fest an die Erfüllung glaubt, ist die Wahrscheinlichkeit, dass es in Erfüllung geht, schon mal ein ganzes Stück größer. Und zwar in dem Maß, in dem man selbst etwas zur Erfüllung beitragen kann.

Sie wünschen sich von ganzem Herzen, George Clooney oder Audrey Hepburn zu sein? Wenn Sie es sich ganz fest wünschen und absolut daran glauben, kann es zumindest passieren, dass der Stationsarzt in der Psychiatrie Sie mit Mr. Clooney beziehungsweise Miss Hepburn anspricht. Sie wünschen sich Freitagabend einen freien Parkplatz in der Münchner Innenstadt? Wenn Sie Ihre ganze Aufmerksamkeit und Konzentration darauf richten, steigt eventuell die Wahrscheinlichkeit ein wenig. Aber nicht sehr. Sie wünschen sich einen großen Eisbecher mit Sahne? Und schon tragen Ihre Füße Sie wie von selbst ins nächste Eiscafé.

Ziel innerlich präsent machen

Der Wunsch ist ein Impuls, der Ihren Geist auf eine ganz bestimmte Sache ausrichtet. Und das ist eine Möglichkeit, wie es Ihnen gelingen kann, alles zu geben. Aber erst wenn Sie wirklich alles geben, werden sich Ihre Wünsche erfüllen. Das heißt, *Sie* erfüllen sich Ihre Wünsche: dadurch, dass Sie Ihre Achtsamkeit auf etwas richten, dass Sie ein Ziel in Ihrem Geist präsent halten, dadurch, dass Sie Zuversicht und Selbstbewusstsein ausstrahlen. Ihr ganzes Wesen kommt in Einklang mit einem Ziel. Und dann fällt der nächste Schritt, der Sie auf das Ziel zubewegt, schon viel leichter.

Wenn der Wunsch auch das Ziel ist

Wünsche können also etwas auslösen. Doch nur Wünsche, die Ausgangspunkte sind, nicht solche, bei denen der Wunsch selbst schon das Ziel ist. So etwas gibt es häufiger, als Sie denken. Der Wunsch »Ich wünsche mir einen Sechser im Lotto« ist so ein Kandidat. Nun, wenn Sie zu jenen gehören, die meinen, durch die Zauberformel »Ich wünsche mir …« die Lottozahlen beeinflussen zu können, wünsche ich Ihnen viel Glück. Meistens aber glauben diejenigen, die sich einen Millionengewinn wünschen, nicht daran, wirklich zu gewinnen – und das macht ja auch nichts: sich vorzustellen, wie es ist, die Nachricht vom Supergewinn zu bekommen, mit dem Gedanken zu spielen, was man dann tun würde, macht ja bereits Spaß. Und im Gegensatz zum wirklichen Lottogewinn kann man diese Vorstellung beliebig oft wiederholen. Doch auch die Wünsche, die durch eigenes Tun in greifbare Nähe, oder zumindest ein Stückchen näher kommen könnten, sind oft nicht so gemeint: Ja klar, eine Villa am See, toll. Berühmt wie Brad Pitt, super. Aber das ganze Leben ändern, um aus der Umgebung, in der Sie verwurzelt, und von Ihren Freunden, mit denen Sie vertraut sind, weggerissen zu werden? So berühmt sein, dass Sie nicht mehr auf die Straße können, ohne von Fotografen belästigt zu werden?

Die meisten großen Wünsche sind Spiele mit schönen Vorstellungen. Und daran ist überhaupt nichts verkehrt! Es ist eine Möglichkeit, angenehme Gefühle zu wecken. Wünsche, die in Erfüllung gehen sollen, laufen jedoch etwas anders ab. Auch sie beginnen mit angenehmen Vorstellungen. Doch sie verhalten sich nicht wie ein Kirmeskarussell, das immer im Kreis läuft, sondern wie ein Entdeckungsreisender. Sie erkunden alle Richtungen, entdecken neue Wege des Geistes, berühren alle Aspekte der Persönlichkeit und streben zur Verwirklichung.

Wie im Märchen

Es gibt einige Märchen, bei denen es um das Wünschen geht. Falls Sie keines kennen, werde ich Ihnen eines erzählen:

Märchen vom Wünschen

Ein junger Mann, er wäre gern Prinz gewesen, hatte es aber nur bis zum Buchhalter gebracht, ging im Stadtpark spazieren. Er träumte davon, zum Oberbuchhalter befördert zu werden, eine schöne Frau kennenzulernen, die mit genügend Blindheit geschlagen war, sich in ihn zu verlieben, und irgendeine große, aber nicht allzu gefährliche Heldentat zu vollbringen. Plötzlich wurde er aus seinen Träumen gerissen, als er über einen großen Stein stolperte und beinahe hinfiel.

»Kreuzmallefix!«, rief er. Genau das aber war der Name einer guten Fee, die gerade zu Besuch bei einer befreundeten Blumenelfe war. Kaum hörte sie ihren Namen, stand sie schon vor dem jungen Buchhalter. Er riss die Augen auf und konnte es kaum glauben: eine richtige Fee! Zwar war er nicht besonders fantasievoll, doch wenn eine zierliche, durchscheinende Dame im Nachthemd mit Libellenflügeln vor einem schwebt, ist auch dem Dümmsten klar, dass es sich um eine Fee handelt. Kreuzmallefix, die Fee, hob drei Finger. »Drei Wünsche hast du frei, mein Freund«, summte sie mit zarter Stimme. »Echt?« Die Fee verdrehte ein wenig die Augen. »Echt!«

Im Kopf des kleinen Buchhalters ging es kunterbunt zu. Viele, viele Wünsche tummelten sich wie lebendige, bunte Seifenblasen vor seinen Augen. Was sollte er sich nur wünschen? Geld, viel Geld, klar, das wäre nicht übel. Oder besser Gold oder Aktien oder kommunale Verschreibungen? Mit Geld könnte er alles kaufen. Außer der Liebe. Naja, andererseits… wenn er viel Geld hätte, wäre er sicher beliebt bei den Damen. Aber nein, es sollte wirkliche Liebe sein.

Die Fee räusperte sich dezent. Sie begann offensichtlich, ein wenig ungeduldig zu werden. Ja, er wollte eine schöne Frau, die ihn liebte. Aber nicht die Helga aus der Personalabteilung, dafür bräuchte er keine Fee. Nein, eine ganz tolle Frau. Nun, wer war denn die Schönste? Halle Berry – ja genau, die sah toll aus, war exotisch und viel Geld hätte sie auch. Zwei Fliegen mit einer Klappe!

»Ich wünsche mir Halle Berry, und dass sie mich liebt!« Kaum hatte er den Wunsch ausgesprochen, stand die weltberühmte Schauspielerin vor ihm und machte größere Augen, als sie ohnedies schon hatte. »Oh my god! Where am I?« Dann fiel ihr Blick auf den kleinen Buchhalter. Ihre Pupillen weiteten sich, es war nicht zu übersehen, dass er ihr sehr gefiel. »Kiss me, stupid!«, hauchte sie und sank in seine Arme. Sie flüsterte Zärtlichkeiten in sein Ohr, die er nicht verstand. Außerdem brauste es in seinen Ohren vor lauter Panik. Nein, nein, nein, das war einfach zu viel. Wenig charmant schielte er über Halles Schulter hinweg zur Fee und rief: »Mach das weg!« Weg war die Actrice. Zitternd stand er vor der Fee, die missbilligend den Kopf schüttelte. »Noch einen Wunsch, mein Lieber!«

Um Himmels willen, was hatte er getan! Nun musste er weise entscheiden. Wenn man aber kein Weiser ist, ist das ja gar nicht so leicht. Schließlich aber glaubte er, eine wirklich weise Entscheidung getroffen zu haben. »Ich wünsche mir Gesundheit, Glück, Zufriedenheit bis an mein Lebensende.«

»Okay«, sagte die Fee und schnippte mit dem Finger. Er fühlte sich von Glück durchströmt, eine Welle tiefster Zufriedenheit erfasste ihn und er fiel tot um.

Und die Moral von der Geschichte?

1. Wünsche können glücklich machen, müssen es aber nicht.
2. Es lohnt sich, gründlich zu überlegen, was man wirklich will.

3. Die Erfüllung von Wünschen hat oft Konsequenzen, mit denen man nicht rechnet.
4. Wenn halbnackte Frauen mit Libellenflügeln vor Ihnen herumflattern, gehen Sie besser zum Arzt.

Besser als im Märchen

Wünschen will gut überlegt sein

Sie können es sicher besser als der Buchhalter im Märchen. Was wären Ihre drei Wünsche? Vielleicht haben Sie aber auch schon erkannt, dass es mit dem Wünschen nicht nur im Märchen wie verhext ist: Sofort einen Wunsch erfüllt zu bekommen, ist oft gar nicht so toll, wie man sich das im ersten Moment vorstellt. Und zwar dann, wenn man die Folgen nicht überblicken kann. Das größte Problem aber ist, dass ein Wunsch, der sich auf einen Zielpunkt beschränkt, furchtbar unbefriedigend ist. Wird er erfüllt, tritt im Kopf eine große Leere ein, die sofort wieder gefüllt wird. Und zwar mit neuen Wünschen.

Beispiel Brezel

»Ach, jetzt hätte ich gerne eine Brezel! Oh, da habe ich ja eine. Schade, dass keine Butter da ist. Am besten noch ein Paar Weißwürste mit süßem Senf. Dazu bräuchte ich dann natürlich ein Weißbier – Weißwurstfrühstück ohne Weißbier, nein. Am besten wär das in einem Biergarten, am späten Vormittag, an einem so richtig schönen Sommertag. Natürlich würde ich da nicht allein sitzen, sondern mit meinen Freunden. Und wir feiern gerade meinen Lottogewinn. Das wäre ein richtiges Frühstück, nicht nur so eine trockene Brezel…«

Wünsche kriegen Junge. Schneller als Mäuse. Und damit sind wir wieder an einem wichtigen Punkt angelangt: Wenn Sie etwas bekommen, ohne etwas zu geben, ist das erstaunlicherweise eben *nicht* besser, als wenn Sie etwas geben. Im Gegenteil. Wenn Sie alles bekämen, was Sie wollten, ohne etwas zu geben, bekämen Sie paradoxerweise nicht alles.

Stellen Sie sich nur mal eine Minute lang vor, jeder Wunsch, der Ihnen in den Kopf kommt, würde sofort Realität. Die ersten paar Sekunden mag das ganz nett sein, dann wird es langweilig und dann geradezu entsetzlich. Ihrem Leben würde jeder Sinn und jede Befriedigung genommen. Wünschten Sie sich dann aber Sinn und Befriedigung, würde die sofortige Wunscherfüllungsfähigkeit sofort aufhören zu existieren. Beides zusammen geht so wenig, als würden Sie sich wünschen, eine Schokoladentorte zu sein, die Sie gerade essen.

Wunsch nach eigenem Weg

Um es besser als im Märchen zu machen, wünschen Sie sich also lieber etwas, das Sie tun können, einen eigenen Weg. Dann entwickelt sich der Wunsch zu einem Ziel, und die Wunscherfüllung wird zu einem Erfolg.

Die Wunscherfüllungsmaschine

Wunderwerk Gehirn

Sie zweifeln daran, dass es so etwas gibt? Dann werden Sie möglicherweise etwas überrascht sein, wenn ich behaupte, dass Sie eine solche Maschine besitzen. Drehen Sie Ihre Augen um 180 Grad und Sie können einen Blick darauf werfen. Ihr Gehirn ist die beste Wunscherfüllungsmaschine, die man sich vorstellen kann. Es weiß nicht nur darüber Bescheid, was Sie sich wirklich wünschen, sondern kann auch alle notwendigen Schritte einleiten, damit Ihre Herzenswünsche in Erfüllung gehen.

Um Ihre Wunscherfüllungsmaschine optimal bedienen zu können, sollten Sie ein paar Regeln beachten. Natürlich ist Ihr Gehirn nicht wirklich eine Maschine, auch kein biologischer Computer. Es kann viel mehr. Doch kann es seine Möglichkeiten eben mehr oder weniger effektiv nutzen. Wenn Sie also Ihr Gehirn »programmieren«, ist das nur eine Metapher. Aber eine, die manchmal ganz hilfreich sein kann. Sehen wir uns doch einmal an, wie Sie Ihr Gehirn auf Wunscherfüllung programmieren können. Einfach zu sagen: »Ich wünsche mir …« reicht jedenfalls nicht. Ihr Gehirn ist zwar wunderbar, aber eben keine Märchenfee.

Gehirn arbeitet mit sinnlichen Eindrücken

In mancherlei Hinsicht ist der Teil des Gehirns, den wir auf Wunscherfüllung programmieren wollen, wirklich so naiv wie ein Computer. Ihr Unterbewusstsein versteht beispielsweise alles ganz wörtlich, oder besser gesagt, ganz bildlich. Ein Wort ist immer nur ein Symbol, aber wenn Sie sich einen Hund vorstellen, stellen Sie sich kein Symbol, sondern ein ganz bestimmtes Tier vor. Ihr Gehirn arbeitet mit Vorstellungen, mit sinnlichen Eindrücken. Und nun versuchen Sie mal, sich das Wort »nicht« vorzustellen. Unser logisch denkender Verstand hat damit kein Problem. Doch das Unterbewusstsein kann mit Verneinungen nichts anfangen. Und das ist schon einmal ganz wichtig für unsere Wunscherfüllungs-Programmierung des Unterbewusstseins.

Einen Wunsch wie »Ich will nicht mehr rauchen« kann Ihnen Ihr Unterbewusstsein nicht erfüllen. Denn was passiert, wenn Sie diesen Wunsch formulieren? Es entsteht eine Vorstellung, und zwar die von Ihnen, wie Sie gerade rauchen! Mit dem Wunsch »Ich will nicht mehr rauchen« geben Sie Ihrem Unterbewusstsein also eine Vorstellung ein, die das Rauchen in den Mittelpunkt stellt. Das bringt natürlich gar nichts. Die erste Regel für die Programmierung der Wunscherfüllungsmaschine lautet also: Vermeiden Sie auf jeden Fall verneinende Wörter wie »nicht«, »kein« usw. Dasselbe gilt für »weniger«, »mehr« usw.

Gefühl des Wollens

Sehen wir uns das mal weiter an. Wie steht es denn mit: »Ich will …«? Welche Vorstellung entsteht dabei? Es geht nicht darum, dass keine visuelle Empfindung damit verbunden ist, wenigstens nicht hauptsächlich. Das *Gefühl* des Wollens ist ja durchaus eine sinnliche Erfahrung, die dem Unterbewusstsein etwas sagt. Vielleicht ist es ein gewisses Kribbeln im Bauch, eine angenehme Spannung oder so etwas. Aber welches Ziel präsentieren Sie damit Ihrem Unterbewusstsein? Dass Sie etwas wollen – nicht, dass der Wunsch in Erfüllung geht.

Stellen Sie sich Ihr Unterbewusstsein als Computerprogramm vor, das die Aufgabe hat, Ihren Wunsch umzusetzen, und nun wieder überprüft, ob der Zielzustand erreicht ist. Und was passiert? Das »Programm« stoppt – denn das Ziel ist ja schon erreicht! »Ich will …« Ja, stimmt genau. Sie wollen. Job erledigt.

Bild des erfüllten Wunsches

Ist Ihnen klar, wie die richtige »Programmierung« aussehen müsste? Nicht »Ich will«, sondern »Ich *tue*«, »Ich *bin*«, »Ich *mache*« … jedenfalls etwas, das die Tätigkeit beschreibt. Um auf Wunscherfüllung zu programmieren, müssen Sie Ihrem Unterbewusstsein also ein Bild des bereits erfüllten Wunsches präsentieren. Dann erst entsteht der Antrieb, das innere Bild mit der äußeren Realität in Einklang zu bringen!

Wenn Ihr Herzenswunsch ist, Klavier spielen zu können, können Sie sich das ja einfach mal wünschen … Wer weiß? Vielleicht wachen Sie eines Morgens auf und sind Klaviervirtuose. Optimismus ist ja eine gute Sache. Neulich wurde einer meiner Freunde gefragt, ob er Klavier spielen könne. »Ich weiß nicht«, antwortete er. Der Fragesteller hob verwundert die Augenbrauen. »Naja«, erklärte mein Freund, »ich hab's noch nie ausprobiert.«

Übertreiben Sie es also mit dem Optimismus nicht. Warten Sie nicht, sondern tun Sie etwas. Zunächst einmal präsentieren Sie den Wunsch Ihrem Unterbewusstsein so, dass es Ihnen leichter fällt, etwas zu tun.

Ziel muss konkret sein

Statt »Ich wünschte, ich könnte Klavier spielen«, sagen Sie: »Ich spiele Klavier – ich übe gerne und es macht mir Spaß!« Es kommt Ihnen wahrscheinlich seltsam vor, das zu sagen. Wenn Sie das nicht zu sich selbst, sondern zu jemand anderem sagten, würden Sie lügen. Und das ist ein Problem. Es ist zwar schon besser als nur ein stets in der Zukunft verweilendes Wunschbild. Doch Ihr Unterbewusstsein kann das Bild nicht lange aufrechterhalten. Ihm entsprechen keine Erfahrungen. Eher widersprechen Ihre Erfahrungen dem Bild. Es fehlt also noch etwas.

Erst einmal ein Zeitrahmen. Und noch besser: etwas ganz Konkretes: »In einem halben Jahr, also im Oktober, spiele ich die erste Invention von Johann Sebastian Bach einem Freund vor.« So. Jetzt haben Ihr Unterbewusstsein und Sie selbst etwas Positives, Konkretes, ein feststellbares Ziel. Zwei Dinge können wir noch verbessern:

Motivation und Handeln

1. Die Motivation: Malen Sie sich Ihr Ziel in den buntesten Farben aus, schwelgen Sie in den höchsten Tönen, den bewegendsten Gefühlen und betörendsten Düften. Je mehr positive Emotionen das Bild Ihres Wunschzieles enthält, desto mehr wird sich Ihr Unterbewusstsein um Verwirklichung bemühen.
2. Die Tat: Bewegen Sie sich jetzt auf Ihr Ziel zu. Wenn Ihr Ziel, Ihr Wunsch, klar und motivierend in Ihrem Bewusstsein und Unterbewusstsein verankert ist – was könnte Sie dann noch davon abhalten, alles zu geben und alles zu erreichen, was Sie wollen?

Ich habe es manchmal erlebt, und gar nicht so selten, dass Klienten ihr Ziel absolut positiv formuliert hatten, dass ihre Motivation hundertprozentig war und sie am liebsten sofort losgelegt hätten. Sie hatten auch an ihren hinderlichen Glaubenssätzen gearbeitet, mit denen sie sich selbst das Leben schwergemacht hatten. Sie fühlten sich im Grunde frei und selbstbestimmt. Und dennoch hielt sie etwas zurück. Mitunter waren sie regelrecht verzweifelt. »Ich will und ich glaube fest daran, dass ich dies auch kann. Und ich habe mein Ziel doch so positiv vor Augen. Ich versuche so positiv wie möglich zu sein. Ich weiß nicht, was mit mir los ist. Mein innerer Schweinehund ist einfach stärker …«

Das Haar in der Suppe des positiven Denkens

In allem das Gute sehen

Positiv denken heißt ja, in allem das Gute sehen. Das ist auf jeden Fall eine bessere Strategie, als an allem herumzumeckern, sein schweres Los zu beklagen und in jeder Suppe ein Haar zu finden. Wer Schwierigkeiten als interessante Herausforderungen, Rückschläge als hilfreiches Feedback oder die Schwiegermutter als willkommenes Objekt für Kommunikationsübungen betrachtet, macht sich das Leben leichter.

Wenn Sie zum Jammern neigen, überlegen Sie doch einmal, welche Vorteile das bringen könnte. Wahrscheinlich kommen Sie auf keine. Nur wenn Sie sehr gut in der Kunst der Selbsterforschung sind, werden Sie erkennen, dass natürlich auch die Gewohnheit zu jammern, zu kritisieren und zu klagen ihren Sinn hat: Man beschäftigt den Verstand, hält sich damit größere Sorgen vom Leib und bekommt ein wenig mehr Aufmerksamkeit – oder glaubt das zumindest.

Nun ist aber nicht alles, was irgendwie ein wenig Sinn macht, unbedingt gleich das Beste. Natürlich ist es sinnvoll, ranziges Schweinefett, Zucker und alte Brötchen zu essen, bevor man verhungert. Besser sind aber allemal Obst, Gemüse und was sonst noch guttut und schmeckt. Und wir werden natürlich eher das Gute und Leckere essen, wenn es möglich ist. Positiv zu denken kostet genauso viel wie negativ zu denken, tut aber viel besser. Positiv zu denken ist richtig, um alles zu geben, mit ganzem Herzen bei der Sache zu sein und alles zu erreichen, was man erreichen will.

Es kann nicht alles positiv sein

Und jetzt kommt doch noch das Haar in der Suppe des positiven Denkens: Es kann zur Manie werden, zur Besessenheit, zu einer reinen Denkübung, von der am Ende nur noch ein hohles Gerüst bleibt. Wenn alles positiv ist, ist nichts positiv. Der Geist braucht Gegensätze, um zu leben. Eine herrlich gemalte rote Rose auf rotem Hintergrund ergibt eben doch nur eine konturlose rote Fläche.

Stellen Sie sich das Leben doch einmal als eine Landschaft vor. Mit Bergen und Tälern, Wiesen, Wäldern und Wüsten. Und dann sehen Sie sich an, wie sich diese Landschaft unter zwanghaft positivem Denken gestaltet: immer nach oben! Ein einziger Gipfel? Geht ja nicht – denn zu einem Gipfel gibt es ja immer das tiefe Tal, aus dem er sich erhebt. Und in genau dieses fallen Menschen, die sich mit Leib und Seele dem positiven Denken verschrieben haben, früher oder später.

Ständig positiv denken macht krank

Man kann (und sollte) das Gute in allem sehen – aber dabei nicht das weniger Gute, die Tiefen, die Schlaglöcher, die Durststrecken völlig aus dem Auge verlieren. Ständig positiv zu denken macht krank. Es ist wie bei einem Kokainabhängigen. Immer toller, immer schneller, immer lustiger, immer höher. Bis alles zusammenbricht. Irgendwann wird die Spannung zwischen der vorgestellten und der wahrgenommenen Welt zu groß.

Etwas Schwieriges wird zur Herausforderung. Gut. Das gibt eine Richtung, eine Motivation. Doch wenn nichts schwierig genannt wird, wenn das Wort »schwierig« aus dem Wortschatz gestrichen ist, dann nimmt einfach ein anderer Begriff dessen Platz ein. Denn es ist ja nicht etwa so, dass nun nichts mehr schwierig *ist*. Die Herausforderung bekommt die Bedeutung »Schwierigkeit«. Also muss es noch positiver werden. »Eine begeisternde Herausforderung«. Bis auch diese Phrase völlig inhaltsleer geworden ist und eigentlich das ausdrückt, was man früher einfach »Problem« nannte.

Blumenwiese des Positivdenkers

Es gibt noch eine andere vorstellbare positive Seelenlandschaft: eine vollkommen flache, sich in die Unendlichkeit erstreckende Blumenwiese, über die der Positivdenker mit festgetackertem Grinsen bis in alle Ewigkeit hüpft … schrecklich! Vor allem für Allergiker.

Jetzt haben wir das Haar aus der Suppe gefischt und können sie wieder genießen – auch wenn wir nicht daran glauben müssen, ständig den Zaubertrank des Miraculix zu schlürfen. Denken Sie positiv. Sehen Sie das, was Schwierigkeiten erträglich macht und Ihnen die Chancen zeigt. Es ist eine gute Methode, nur kein Wundermittel. Positives Denken ist, wie der Name andeutet, eine Sache des *Denkens*. Auch wenn sie durchaus Auswirkungen auf die Gefühle hat. Positive Wirkungen.

Nicht alles ist kontrollierbar

Positives Denken geht vom Denken aus. Oder noch allgemeiner, vom Machen. Vom Kontrollierenwollen. Alles kontrollieren zu wollen ist aber eine Krankheit. Und sie führt zwangsläufig zum Leiden. Denn nicht nur, dass sich nicht alles kontrollieren lässt (probieren Sie es mal mit den Lottozahlen) – die vollkommene Kontrolle wäre auch kein Gewinn, sondern ein Verlust. Denn das nicht Kontrollierte, das Überraschende gehört zu einem glücklichen Leben.

Nicht immer, natürlich. Wir haben ja schon über eines dieser unkontrollierten, lästigen Dinge gesprochen: den inneren Schweinehund. Dem übrigens auch fanatisch positive Denker völlig überrascht zum Opfer fallen. Woher kommt dies seltsame Wesen? Können wir es vielleicht doch unter Kontrolle bringen? Oder gibt es da vielleicht sogar noch bessere Möglichkeiten? Können wir es etwa dressieren? Sehen wir uns das doch einmal näher an.

Der innere Schweinehund und andere Unruhestifter

Motivationsverstärker

Es ist schon seltsam, wenn wir etwas wirklich tun wollen, wenn wir eigentlich voll und ganz davon überzeugt sind, wenn alle möglichen Gründe und die Vernunft dafür sprechen – und wir uns dann doch nicht aufraffen können oder unsere Sache nur halbherzig angehen. Dann fragt man sich schon, was eigentlich los ist. Wenn man sich ein wenig mit Psychologie beschäftigt, stößt man auf einige Möglichkeiten, die Motivation noch weiter zu verstärken und Hindernisse aus dem Weg zu räumen. Wir haben ja schon über ein paar Dinge, die in diese Richtung gehen, gesprochen.

Setzen Sie sich klare, konkrete und motivierende Ziele. »Wer den Hafen nicht kennt, in den er segeln will, für den ist kein Wind ein günstiger«, erkannte schon Seneca.

Ziel sollte angenehm und konkret sein

Überraschend oft fehlt es schon an so einem klaren, konkreten und motivierenden Ziel. »Rauchen aufgeben« ist so ein Beispiel. Natürlich findet man gute Gründe, das Rauchen zu lassen. Doch die Androhung, eine Gewohnheit, und sei sie auch noch so schädlich, aufzugeben, ist selten attraktiv. Ein Ziel muss schon angenehmer und konkreter sein. Wann? Wie? Welche Belohnung gibt es?

Aber gut: Nehmen wir mal an, das Ziel ist optimal formuliert – und immer noch geht es nicht recht voran. Vielleicht liegt es an unbewussten, tief sitzenden, negativen Überzeugungen: »Das schaffe ich nie!« Auch daran können wir arbeiten. Und sollten es auch unbedingt. Wie soll uns etwas gelingen, wenn wir in der Tiefe unserer Seele überzeugt sind, es nie zu schaffen? Das kann kaum klappen. Also arbeiten wir mit Psychotricks an unserem Unterbewusstsein. Nun fällt vieles schon leichter.

Unser Ziel ist aber immer noch weit weg. Der innere Widerstand ist immer noch da. Dieser innere Schweinehund, den man doch nun wirklich mit allen Waffen, die zur Verfügung standen, bekämpft hat. In früheren Zeiten nannte man so etwas wohl einen Dämon oder bösen Geist und versuchte ihn mit Weihwasser und Kruzifix auszutreiben. Etwa mit dem gleichen Erfolg, mit dem Motivations-Gurus in ein paar Stunden aus Versagern Erfolgs-Menschen, aus Angsthasen Helden und aus verschüchterten Jünglingen charmante Partylöwen machen. Nämlich mit gar keinem. Dämonen lassen sich nicht so leicht austreiben.

Wer ist der innere Schweinehund?

Und nur selten taucht einmal die Frage auf, wer denn eigentlich dieser Dämon respektive innere Schweinehund ist. Wie kann es sein, dass ich etwas will und dies offenbar auf geheimnisvolle Art und Weise doch nicht will? Ganz schwammig ist dann die Rede vom Unterbewusstsein. Ja – aber bin ich denn nicht auch mein Unterbewusstsein?

»Zwei Seelen, wohnen, ach in meiner Brust«, meinte Goethe. Hier irrte der Meister. Es sind viel mehr. Wenn ich hier von mehreren Persönlichkeiten spreche, die in uns sind, denken Sie vielleicht zuerst einmal an etwas Krankes, an Schizophrenie oder multiple Persönlichkeiten. Wenn Sie aber genauer hinsehen, werden Sie schnell merken, dass Ihnen das eigentlich ganz bekannt vorkommt. Da ist einmal der innere Schweinehund. Aber das ist ein Sonderfall. Doch jeden Tag erleben Sie wahrscheinlich, dass Sie eine Art inneres Selbstgespräch führen; und zwar immer dann, wenn Sie das Für und Wider von etwas abwägen. Hören Sie einmal genau hin: Sie werden merken, dass tatsächlich innere Stimmen sprechen, wenn Sie gegensätzliche Standpunkte abwägen. Aber alle diese Stimmen sind natürlich Sie selbst. Daran haben Sie keine Zweifel; und selbstverständlich haben Sie auch keine Probleme damit. Sie wollen gesund leben – aber auch genießen. Sie wollen ausgehen – aber Sie wollen auch am nächsten Tag fit für den Job sein. Sie wollen Ziele verwirklichen – aber haben Zweifel.

Innere Stimmen

Beispielsweise jetzt. Hören Sie sich einmal innerlich zu. Eine innere Stimme sagt: »Nun ja, da ist vielleicht was dran.« Eine andere: »Nein, das ist doch Quatsch. Auch nur so eine graue Theorie.« Vielleicht noch eine: »Und? Was mach ich jetzt damit?« Und möglicherweise noch weitere.

Wir müssen unsere inneren Stimmen natürlich nicht als Persönlichkeiten betrachten. Wir können auch sagen: Bündel von zusammengehörigen Motiven, Vorstellungen, Gefühlen, Gedanken, Assoziationen und Erinnerungen. Aber erstens würde ich sagen, dass das einer Persönlichkeit schon recht nahe kommt, und zweitens ist Persönlichkeit auch deutlich kürzer. Es hat auch, wie Sie gleich sehen werden, ganz konkrete, praktische Vorteile, die vielen Seelen in unserer Brust als »Persönlichkeiten« zu bezeichnen.

Das innere Team

Eine Vielzahl von Erfahrungen

Unsere Gesamtpersönlichkeit können wir als eine Art Firma und unsere verschiedenen inneren Persönlichkeiten als inneres Team ansehen. Wir haben ja in unserem Leben so viele unterschiedliche Erfahrungen gemacht. Diese Erfahrungen widersprechen sich zum Teil. Wir haben zum Beispiel die Erfahrung gemacht, dass sich ein

Alkoholrausch, zumindest anfangs, ganz angenehm anfühlen kann. Wir haben Erinnerungen daran, Gefühle, Gedanken und innere Bilder. Die gegenteilige Erfahrung haben wir aber auch: Wir erinnern uns an Kopfschmerzen, Übelkeit, wir wissen, dass so ein Rausch nicht gerade gesund ist, und verbinden vielleicht sogar Peinlichkeiten und andere unangenehme Gefühle damit. Wahrscheinlich gibt es noch einen Teil in uns, der diese Sichtweisen scheinbar vereint (in Wirklichkeit ist es natürlich eine dritte Sichtweise) und denkt, dass der Mittelweg genau richtig wäre.

Und alle drei stehen nebeneinander! Tatsächlich wäre es eher theoretisch und abstrakt zu sagen, dass es Aspekte oder Sichtweisen seien – nicht falsch, aber eben abstrakt! Denn wenn wir unser Verhalten ansehen, wird es doch durch einen tatsächlichen inneren Streit von persönlichkeitsähnlichen Teilen unseres Selbst, von inneren Persönlichkeiten, geleitet.

Das Team braucht einen Moderator

Wie Ihr inneres Team zusammengesetzt ist, hängt natürlich immer von dem Thema ab, das Sie »besprechen« wollen – oder um es auf herkömmliche Art und Weise zu sagen: über das Sie nachdenken. Wenn Sie überlegen, ob Sie das Rauchen aufgeben sollten, könnten der »Gesundheitsapostel«, der »Nikotinsüchtige« und der »Geizhals« beteiligt sein. Und Sie selbst? Wo bleiben Sie bei der Sache – wenn doch alle verschiedenen Motive eigenständige innere Persönlichkeiten sein sollen? Nun, spüren Sie dem einmal nach. Sie werden feststellen, dass immer noch etwas bleibt. Nämlich der Beobachter, der Kern Ihres Bewusstseins, weitgehend frei von Begierden und vorgefassten Ansichten. In unserem Spiel »Innere Teambesprechung« sind Sie der Moderator, der möglichst unparteiische Gesprächsleiter.

Beim Thema »Rauchen aufgeben« hätten wir also vier Sprecher: den Gesundheitsapostel, den Nikotinsüchtigen, den Geizhals und den Moderator. Und schon … würden wir keinen Schritt weiterkommen. Sie wollen die Stimme des Nikotinsüchtigen in sich hören – aber da meldet sich keiner. Höchstens, um zu widersprechen. Klar. Wer gibt sich schon selbst gern solche Namen? Ich verrate Ihnen ein kleines Geheimnis:

Jede, wirklich jede einzelne Ihrer inneren Persönlichkeiten hat die besten Absichten für Sie. Immer.

Innere Persönlichkeiten positiv bewerten

Nur die Mittel, die unsere inneren Persönlichkeiten einsetzen, sind nicht immer optimal. Manchmal muss man ganz genau hinsehen, um herauszufinden, was die positive Absicht denn ist. Und der erste Schritt besteht darin, seinen inneren Persönlichkeiten (oder nennen Sie sie Motive, Standpunkte, Rollen) Namen zu geben, die ihre positive Absicht ansprechen.

Das bedeutet also, dass Sie die verschiedenen Aspekte Ihrer Persönlichkeit auf positive Art und Weise betrachten – auch wenn Sie mit den Mitteln, die diese Persönlichkeitsaspekte einsetzen, nicht einverstanden sind. Das ist sehr, sehr wichtig. Tun Sie das nämlich nicht, heißt das ja nichts anderes, als dass Sie einen Aspekt Ihrer Persönlichkeit ablehnen, dass Sie teilweise sich selbst ablehnen. Sie liegen dann im Widerstreit mit sich selbst, müssen Teile Ihrer Persönlichkeit unterdrücken, und das kostet Kraft. Es wird Ihnen unmöglich, alles zu geben und Ihr ganzes Potenzial zu verwirklichen.

Seien Sie nett zu sich selbst, dann ist Ihr Selbst auch nett zu Ihnen.

Ich kann gar nicht genug betonen, wie wichtig das ist. Und sicherlich sehen Sie das auch ganz deutlich, wenn Sie einmal Ihre inneren Persönlichkeiten so betrachten, als wären es Mitarbeiter Ihrer eigenen, mit Herzblut aufgezogenen Firma. Mitarbeiter, die alle auch Miteigentümer sind und deren ureigenstes Interesse es ist, dass alles so gut wie möglich läuft.

Was könnte denn die positive Absicht des Nikotinsüchtigen sein? Vielleicht ist er der Genießer? Oder der Gesellige, der Langeweilebekämpfer. Der Gesundheitsapostel ist der innere Arzt oder der Beschützer. Und der Geizhals wird zum sparsamen Wunscherfüller.

Alle Beweggründe würdigen

Ich glaube, dass Sie den Unterschied sofort spüren können, wenn Sie verschiedene Beweggründe auf positive Art und Weise ansprechen. Wahrscheinlich sagt ein Teil von Ihnen dann: »Genau! Das ist meine Absicht!« Und dann können Sie sinnvoll und produktiv mit Ihren unterschiedlichen Standpunkten umgehen, tragfähige Kompromisse finden und Ihre Kräfte auf ein Ziel hin bündeln.

Ablauf der inneren Teambesprechung

Eine solche »Teambesprechung« ist ganz einfach. Sie führen ein gezieltes Selbstgespräch beziehungsweise ein Gespräch mit den Mitgliedern Ihres inneren Mitarbeiterstabes. Dazu setzen Sie sich am besten bequem hin, schließen die Augen und sprechen die einzelnen Mitglieder des Teams an (mit positiven Namen!). Auch wenn Ihnen das erst einmal merkwürdig vorkommt, werden Sie merken, dass sich Antworten in Ihrem Bewusstsein einfinden. Lassen Sie die beteiligten inneren Persönlichkeiten sprechen, sich mit ihrer positiven Absicht vorstellen und fragen Sie jede einzelne, ob ihr die anderen Teammitglieder und deren positive Absichten klar sind. Falls nicht, werden diese positiven Absichten geklärt. Lassen Sie die Teammitglieder darüber sprechen, wie das gemeinsame Ziel am besten verwirklicht werden kann. Ich hoffe, dass Ihnen dieses Spiel zumindest eine ganz wichtige Einsicht bringt:

> Es gibt keinen inneren Schweinehund. Es gibt nur Standpunkte, die andere Standpunkte abwerten wollen, um ihre positive Absicht gegenüber einer anderen positiven Absicht durchzusetzen. Doch jeder Ihrer Teile ist ein Teil von Ihnen. Sie alle zusammen sind Ihre einmalige, wunderbare Persönlichkeit.

Ziel: Verständnis zwischen den Standpunkten

Wenn es Ihnen gelingt, bei so einer inneren Konferenz Verständnis zwischen all Ihren Standpunkten zu erreichen, sind Sie ein gewaltiges Stück seelisch gewachsen. Ihr inneres Team kann nun zusammenarbeiten, anstatt sich mit Mobbing und entgegengesetzten Zielen aufzureiben. Stellen Sie sich Ihr Leben als eine Kutsche vor, die Sie zu Ihren verschiedenen Zielen trägt. Die Fahrt wird deutlich einfacher gehen, wenn Sie die Pferde alle vorne anspannen – und nicht eins vorn und eins hinten, eins rechts und eins links. Wenn alle Pferde die Kutsche ziehen, werden Sie an Energie und Tatkraft gewinnen, Ihre Ausstrahlung wird eine andere sein: denn Sie sind nun ein Mensch, der Einigkeit mit sich selbst ausstrahlt. Und das überzeugt auch andere.

Träumer, Realist und Kritiker

Drei Persönlichkeitsteile sind besonders wichtig, wenn wir uns Gedanken über unsere Ziele und die Verwirklichung machen wollen. Dabei werden die Nebendarsteller Träumer, Realist und Kritiker zu Hauptdarstellern. Oft aber übernimmt nur einer dieser drei eine tragende Rolle. Und das tut dieser Szene im Film des Lebens nicht unbedingt gut.

Bei jedem Menschen sind diese drei Standpunkte vorhanden. Es kommt nur darauf an, welche innere Persönlichkeit am stärksten ist, wie die drei zusammenarbeiten und welche Ihr Favorit ist.

- Ist der Träumer stark, entstehen Luftschlösser.
- Ist der Kritiker stark, entsteht gar nichts.
- Ist der Realist stark, entstehen Reihenhäuser.

Gemeinsam stark für ein Ziel

Es gibt alle drei Möglichkeiten, und alle drei haben Argumente für sich. Sie haben also positive Absichten. Für Sie! Es sind ja Teile Ihres Selbst. Sie selbst tragen den Träumer, den Realisten und den Kritiker in sich. Wenn Sie diese drei Kräfte in Verbindung miteinander bringen, sodass sie gemeinsam für Ihre Ziele aktiv sind, dann wird sich Ihr Leben verändern.

Positive Namen geben

Der erste Schritt besteht darin, die positiven Absichten der drei Mitglieder des Kreativ-Teams zu erkennen und ihnen entsprechende Namen zu geben. Der Träumer ist nicht der absurde Traumtänzer, sondern der Erzähler oder der Erfinder. Der Realist ist nicht der langweilige Oberlehrer, sondern der hilfsbereite Gelehrte oder der Profiplaner. Der Kritiker ist nicht der boshafte Miesmacher, sondern der scharfsinnige Analytiker oder der kluge Kommentator.

Und dann kommt es darauf an, eine Lösung zu finden, die allen drei Persönlichkeitsteilen gerecht wird. Eine Lösung, die für keinen Teil ein fauler Kompromiss ist und die voll und ganz angenommen wird. Dann ist es schon viel einfacher, mit voller Kraft voranzugehen, alle Energien zu mobilisieren, aus ganzem Herzen zu handeln und alles zu geben. Ist es nicht ganz selbstverständlich, dass Sie dann, obwohl Sie alles geben, weniger Anstrengung und mehr Freude empfinden und eher das erreichen, was Sie wollen?

Ort mit Handlung verknüpft

Es ist übrigens sehr sinnvoll, den Träumer, den Realist und den Kritiker an unterschiedlichen Orten arbeiten zu lassen – beispielsweise auf dem Sofa, am Schreibtisch und im Sessel; am besten in verschiedenen Zimmern. Wir assoziieren nämlich unbewusst Tätigkeiten, Gefühle und Denkweisen mit den Orten, an denen sie stattfinden. Das kann sich ziemlich dramatisch auswirken. Wer sich angewöhnt hat, beim Fernsehen Snacks zu knabbern, wird Appetit bekommen, sobald er das Gerät einschaltet.

Wenn ein Ort erst einmal mit einer Tätigkeit verknüpft ist, kann das aber auch eine große Hilfe dabei sein, eine gute Gewohnheit aufzubauen. Ich habe mir beispielsweise angewöhnt, morgens im Café zu schreiben. Kollegen können das manchmal nur schwer verstehen – sie brauchen absolute Ruhe zum Schreiben. Bei mir hat sich das Café sozusagen zum Arbeitsplatz entwickelt. Sobald ich im Café sitze, habe ich das Bedürfnis, meine Ideen aufzuschreiben. Zu Hause, am Schreibtisch, geht es zäher – der Schreibtisch ist für mich ein Platz für Routinetätigkeiten, wie das Ins-Reine-Schreiben meiner fast unleserlichen Notizbuchtexte aus dem Café, für Recherchen und Steuersachen.

Der lachende Vierte

Jedenfalls kann die Wahl des richtigen Ortes Sie dabei unterstützen, Verbindung mit allen Ihren unterschiedlichen Persönlichkeitsteilen aufzunehmen. Und es hilft enorm, die unterschiedlichen Tätigkeiten nicht zu vermischen. Am Arbeitsplatz des Träumers sollte weder kritisiert noch nachgedacht und analysiert noch die Steuererklärung gemacht werden. Der Realist sollte ungestört von Fantasien und Kritik arbeiten können. Und auch der Kritiker sollte seinen festen Platz haben, an dem er sich austoben kann. Dann fühlen sich alle drei Persönlichkeitsteile geschätzt und können ihre positiven Kräfte entfalten und Sie, der Moderator, die Gesamtpersönlichkeit, sind der lachende Vierte: Denn drei gute Mitarbeiter, die mit Spaß an ihrer Arbeit sind und produktiv zusammenarbeiten, sind einfach deutlich besser als drei mürrische, miteinander in Streit liegende Topkräfte.

Egoisten, Altruisten, Egoaltruisten

Der Egoist

Ein Egoist ist einer, der nur an sich selbst denkt. Naja, könnte man denken, wenn er sich damit wohlfühlt … Tut er aber nicht. Kein Egoist spürt echte, tiefe Zufriedenheit – weil er nicht lieben kann. Das klingt natürlich etwas abgedroschen. Doch tatsächlich: Wenn jemand den anderen nur als Mittel zu einem Zweck sieht, klappt es mit der Liebe nicht. Denn er muss intuitiv davon ausgehen, dass der andere ebenso denkt und ihn nur als Mittel zu seinem Zweck benutzt. Aber Liebe ist gerade ein Absehen von sich selbst und wird dadurch zur Selbsterweiterung. Der Egoist aber kann nicht von sich selbst absehen – und so bleibt ihm eine der größten Wachstumsmöglichkeiten verschlossen. Schon der scharf beobachtende Menschenkenner Erich Fromm sagte einmal: »Es stimmt zwar, dass selbstsüchtige Menschen unfähig sind, andere zu lieben, aber sie sind auch nicht fähig, sich selbst zu lieben.« Da er also weder andere noch sich selbst lieben kann, kann er auch nicht lieben, was er tut. Bestenfalls liebt er, was er hat. Er kann nicht alles geben und nicht alles bekommen. Armes Schwein.

Der Altruist

Der Altruist oder Gutmensch ist schon etwas besser dran. Er lebt für das Wohl anderer, und das bringt ihm neben etlichen Frustrationen auch viele Glücksmomente. Er würde gern die ganze Welt lieben und geliebt werden. Doch er nimmt eine Person von der überfließenden Liebe aus: sich selbst. Das Problem des Altruisten besteht darin, dass er geradezu vor seinem Ich flüchtet. Aber er ist nicht frei von seinem Selbst. Das Selbst ist da – und es wirkt bedrohlich, mit seinen Ängsten, Begierden und dunklen Trieben. Und so kann auch der Altruist nicht alles geben. Armer Hund.

Der Egoaltruist

Natürlich sind die meisten Menschen weder hundertprozentige Egoisten noch hundertprozentige Altruisten, sondern eine Mischung, bei der einmal das eine, ein anderes Mal das andere überwiegt. Manchmal treffen die positiven Anteile zusammen. Und wenn dann noch ein Pfund Achtsamkeit, eine Messerspitze Intelligenz und eine Prise Humor in die Mischung kommen, haben wir einen Egoaltruisten, der will, dass es ihm gut geht, und erkennt, dass dies nur geht, wenn es auch anderen gut geht. Sein Selbst kann er vergessen und ohne Widerwillen zu ihm zurückkehren. Der Egoaltruist hat den größten Handlungsspielraum, die meisten

Möglichkeiten und Chancen. Er verwirklicht seine Herzensziele und gewinnt Freiheit.

Wenn Sie spazieren gehen und immer in den Himmel gucken, sehen Sie die blaue Weite, die Wolken, die Sterne. Und fallen früher oder später bei einer kleinen Unebenheit auf die Schnauze. Wenn Sie immer direkt auf die Stelle glotzen, wo Sie gerade Ihren Fuß hinsetzen, stolpern Sie nicht so leicht. Von der Schönheit der Sterne bekommen Sie allerdings gar nichts mit und werden früher oder später in einer Sackgasse landen oder in einem Labyrinth.

Der weite Blickwinkel

Natürlich tun Sie keins von beidem, Sie sind ja nicht blöd. Sie blicken voraus, wohin Sie gehen, schauen nochmal nach rechts und links, vielleicht sogar mal zurück, und dann und wann halten Sie inne und schauen zum Himmel. Je weiter Ihr Blick wird, desto mehr Chancen eröffnen sich. Und zwar ganz gleich, was Sie anstreben. Alles geben ist eben nicht, starr in den Himmel oder auf die eigenen Füße zu stieren, sondern alle Möglichkeiten, die einem zur Verfügung stehen, zu nutzen.

Ist der Blick auf das eigene Selbst gerichtet, fehlt das Gefühl für die Verbundenheit aller Dinge – ist der Blick völlig nach außen gerichtet, ganz genauso. Auf einer ganz wichtigen Ebene sind sich Altruist und Egoist also erstaunlicherweise ganz ähnlich. Wenn Sie auf dem Weg zu einem Ziel sind und dabei ständig auf das Ziel starren, landen Sie schnell im Straßengraben. Sehen Sie ständig auf den Weg, verlieren Sie das Ziel aus den Augen und gehen in die Irre.

Um eine maximale Wirkung zu erzielen, sollten wir alles geben. Wir sollten also alle unsere Möglichkeiten einsetzen – und nicht nur beim Ich oder in der Außenwelt stehenbleiben. Es geht darum, wie wir das Beste geben und das Beste bekommen. Am besten, Sie schreiben sich den Satz auf ein Blatt Papier:

> Tue alles, was du tust, so, als ginge es um das Schicksal des Universums.

Und dann handeln Sie danach.

Teil II

Alles geben

Sich klarmachen, was fehlt

Wenn Sie alles geben, werden Sie alles bekommen – und natürlich stellt sich dabei die Frage nach dem Wie. Um das Bisherige mal auf den Punkt zu bringen: Sie können Ihre wirklichen Wünsche, also die, die mehr sind als lediglich eine Augenblickslaune, wahr werden lassen, wenn Sie mit ganzem Herzen tun, was Sie tun. Dafür ist es notwendig, dass Sie sich klarmachen, dass Ihnen etwas fehlt und was das sein könnte.

Das motivierende Ziel

Dann können Sie sich Ziele setzen. Damit ein Ziel motivierend ist und Sie es erfolgreich angehen können, sollte es im Geist klar präsent sein. Dem entgegen stehen natürlich immer wieder äußere, vor allem aber auch innere Hindernisse, negative Einstellungen über sich selbst, den inneren Schweinehund und grundlegende Einstellungen wie Egoismus oder fehlgeleiteter Altruismus. Das alles sind Puzzleteile, die sich – hoffentlich – bald zu einem Gesamtbild zusammenfügen. Das Bild, das entstehen soll, müsste eigentlich absolut motivierend für Sie sein: Es zeigt Sie, wie Sie glücklich und gelassen Ihr Leben genießen, zielbewusst ohne Stress Ihre Träume verwirklichen, sich über Ihre guten Beziehungen zu Ihren Mitmenschen, Mitarbeitern, Bekannten und Angestellten freuen, gute erfüllende Freundschaften und eine harmonische Beziehung haben und sich keine Sorgen über materielle Dinge machen müssen. Und wie Sie voll Zuversicht, aber ohne unangenehmen Leistungsdruck oder verzehrenden Ehrgeiz optimistisch, neugierig und voller Freude in die Zukunft blicken.

Ballast abwerfen

Klar klingt das wie eine Utopie. Doch sehen Sie einmal genau hin: Was spricht eigentlich dagegen? Sie verfügen über alles, was dazu nötig ist. Sie haben ein Hirn, ein Herz und eine Seele. Und ob Sie es glauben oder nicht: das reicht. Sie sind bereits vollkommen. Dass es Ihnen nicht so vorkommt und vielleicht manchmal nicht so aussieht, liegt nicht daran, dass Ihnen etwas fehlt. Das Geheimnis liegt eigentlich offen auf der Hand. Erkennen Sie es? Nicht? Nun, jetzt kommt's:

> **Was Sie brauchen, ist nicht mehr, sondern weniger! Tatsächlich sind es nur Dinge, die Sie ablegen müssen, um der zu sein, der Sie wirklich sind.**

Stellen Sie sich einen perfekten Sportwagen vor, bei dem die Bremsen angezogen sind, der mit Pappmaschee als Lieferwagen verkleidet ist und dem ein Anhänger mit einem großen Haufen Schafsmist, Bauschutt und Schrott angehängt wurde. Oder ein Supermodel, das über drei alten Anoraks ein halbgegerbtes Büffelfell trägt, deren Füße in alten, löchrigen Militärstiefeln Größe 48 stecken und das sich mit dieser Montur kräftig in Klärschlamm gewälzt hat. Ich bin mir ganz sicher, dass *Sie* weniger ablegen müssen, damit Ihre Vollkommenheit zum Vorschein kommt.

Loslassen fällt nicht immer leicht

Hoffentlich ist Ihnen nun ein wichtiger Teil des »Alles Geben« deutlich geworden – das Loslassen. Das sollte leichtfallen. Tut es aber nicht. Daher werden wir wohl noch ein paarmal auf das Loslassen von dem, was uns behindert, zu sprechen kommen.

Der zweite Teil des »Alles Geben« ist hingegen völlig anders. In ihm liegt das Geheimnis durchgehenden Erfolgs in allen Bereichen Ihres Lebens. Wenn Sie bei allem – und ich meine wirklich: allem – was Sie tun, Ihre ganze Persönlichkeit, Ihren ganzen Willen, Ihre ganzen Fähigkeiten, Ihre Begeisterung und Ihr ganzes Herz einbringen: Was könnte Sie dann noch davon abhalten, alles zu bekommen, was Sie wirklich wollen? Nur das, was Sie an Ballast nicht losgelassen haben.

»Sein ganzes Herz geben«, das klingt nicht gerade einfach. Und doch ist es viel leichter, als die Altlasten abzuwerfen, die uns lästig fallen, und die wir uns nur zu gern vom Hals schaffen würden. Ist das nicht seltsam? Das Leichte fällt schwer und das Schwere ist in Wirklichkeit viel leichter, als Sie glauben. Und das ist ein Teil des Problems.

Auf dem Tisch tanzen lernen

Als ich etwa 20 war, reiste ich einmal mit meinem Vater nach Italien. Damals war ich, glaube ich, in mancherlei Hinsicht ziemlich gehemmt.

Jedenfalls unterhielt ich mich mit meinem Vater über dieses Thema. Das wurde ziemlich peinlich. Aber sehr lehrreich. Doch ganz anders, als Sie vielleicht vermuten …

Beispiel Abbau von Hemmungen

Mein Vater war ein recht bekannter Psychiater. Er gründete die erste verhaltenstherapeutische Klinik in Deutschland und das erste verhaltenstherapeutische Ausbildungsinstitut. Seine Methoden waren manchmal etwas unorthodox – und wie er mir zeigte, dass Hemmungen völlig unnötig sind, war es ganz bestimmt. »Hemmungen«, erklärte er, »kommen immer dann zustande, wenn man sich übertriebene Gedanken macht, was die Leute über einen denken. Meist liegt man ohnehin völlig daneben. Und dann: Was kann einem schon passieren?«

Ja, das klang ganz nett. Das hatte ich mir natürlich auch schon oft selbst gedacht. Geholfen hatte das aber gar nicht. In der ländlichen Wirtschaft, in der wir saßen, spielte ziemlich laut Musik. Mein Vater meinte: »Stell dich doch einfach einmal auf den Tisch und tanze.«

Na klar – da war er an den Richtigen geraten: Ich dachte natürlich nicht daran. Doch was machte er? Er stieg selbst auf den Tisch – und tanzte. Mir blieb der Mund offen stehen. Gott, war das peinlich! Die Leute starrten uns an und manche lachten. Ich hätte mich am liebsten unter den Tisch verkrochen, am besten unter einen, auf dem sich nicht gerade mein Vater zum Affen machte.

Doch dann wurde mir klar, was er mir gerade so deutlich zeigte: Es ist in der Regel wirklich völlig egal, was die Leute denken. Und ich hatte mich übrigens auch völlig darin getäuscht, was die Leute tatsächlich dachten und wie sie reagieren würden. Es wurde danach nämlich sehr lustig. Die Leute kamen mit uns ins Gespräch, luden uns zu Wein und Fisch ein und wir hatten einen köstlichen Abend. Wie anders wäre dieser Abend verlaufen, wenn wir ganz »brav« gewesen wären!

Tatsächlich war das eine Lektion, die haften blieb. Was Worte allein nie bewirkt hätten, gelang der absurden Performance schlagartig. Seit dem Tag erscheint mir immer, wenn der Gedanke »Was könnten die Leute denken?« auftaucht, mein Vater vor meinem inneren Auge. War es wirklich so schwierig, was er an diesem Abend getan hatte? Nein, in gewisser Weise gar nicht. Was könnte daran schwierig sein? Und doch möchte ich wetten, dass es den meisten Menschen nicht gerade leichtgefallen wäre.

Mit Iris Berben tanzen

Überhaupt hatte es mein Vater mit dem Tanzen. Als wir eines Abends im Alten Simpl, einer berühmten Münchner Gaststätte, saßen, war unter den anderen Gästen die Schauspielerin Iris Berben. Eine Kapelle spielte – und mein Vater ging ohne zu zögern auf Frau Berben zu und forderte sie zum Tanzen auf. Und sie machte mit. Danach fragte meine Freundin meinen Vater: »Aber Dieter, was hättest du gemacht, wenn sie Nein gesagt hätte?« Er grinste nur. »Dann hätte ich eben mit dir getanzt…«

Ich kann Ihnen hier und jetzt natürlich nichts vortanzen, sondern nur raten: Richten Sie Ihre Aufmerksamkeit auf das, was Sie tun wollen, und auf das, was Sie tun, nicht auf das, was eventuell andere darüber denken könnten. Das Gefühl der Freiheit wird Ihnen einen ersten Vorgeschmack davon geben, wie es sich anfühlt, mit ganzem Herzen zu tun, was man tut.

Erwartungsfallen

Nichts von dem, was Sie erwarten, wird eintreffen. Hoppla – was ist denn das für eine pessimistische Behauptung? Nun, ganz langsam. Es wird sich gleich klären. Dabei werden Sie feststellen, dass Pessimismus dabei gar nicht ins Spiel kommt. Kein bisschen.

Unsere Vorstellungswelt

Immer dann, wenn wir etwas erwarten, stellen wir uns die Zukunft vor. Auch bei ganz einfachen Dingen. Die vorgestellte Welt ist allerdings eine Welt, die ausschließlich in unserem Gehirn existiert. Sich etwas, das noch nicht da ist, vorstellen zu können, ist ein wichtiger Teil dessen, was die geistigen Fähigkeiten des Menschen ausmacht. Wir denken uns eine mehr oder weniger mögliche Zukunft, um jetzt richtig handeln zu können. Denken ist also eine Art »Ausprobieren der Zukunft«. Das ist eine unschätzbar wertvolle Fähigkeit. Wir müssen nicht alles am eigenen Leib feststellen, sondern schicken quasi einen vorgestellten Stellvertreter auf Zeitreise, um die Konsequenzen festzustellen. Das ist toll.

Das Problem ist nur, dass wir einerseits zu gut und andererseits zu schlecht denken können. Zu gut deshalb, weil wir uns nahezu beliebige Szenarien vorstellen können. Unserer Fantasie sind keine Grenzen gesetzt. Und zu schlecht, weil wir die ganze Komplexität der Welt natürlich nie und nimmer in unserem Kopf abbilden können. Und wenn wir nun diese beiden Aspekte zusammennehmen, heißt das: Wir können absolut überzeugende Bilder erzeugen – die aber nie völlig und oft überhaupt nicht zutreffen.

Übertriebene Vorstellungen

Und jetzt wird es doch ein wenig pessimistisch: Dagegen können wir gar nichts machen. Weder können wir ohne Denken überleben, noch werden wir die Zukunft wirklich voraussehen können. So, das war's aber auch schon mit dem Pessimismus. Die gute Nachricht ist nämlich, dass das überhaupt nichts macht, wenn wir unsere Fähigkeit, uns die Zukunft vorzustellen, richtig einsetzen. Dazu ist es sehr wichtig, darüber Bescheid zu wissen, wie das mit Erwartungen und Vorstellungen im Gehirn abläuft. Unsere Vorstellungen übertreiben nämlich. Immer. Ganz gleich, ob es nun um positive oder negative Erwartungen geht – das Bild, das wir uns von dem machen, was eventuell geschieht, ist immer verzerrt. Wenn wir etwas Schlimmes erwarten, wird die Vorstellung stets schlimmer sein als die Realität. Und erwarten wir etwas Schönes, wird die Vorstellung davon immer schöner sein als das, was wirklich geschieht. Das ist wie bei den Anglern. Der große Fisch, den man beinahe gefangen hätte, mutiert zum wahren Seeungeheuer. Unser Unterbewusstsein übertreibt aus demselben Grund wie der Angler: Das Wesentliche einer – wenn auch nur vorgestellten – Erfahrung soll mit aller Deutlichkeit vor Augen geführt werden.

Folgen der Verzerrung

Diese regelmäßige Verzerrung unserer Vorstellungen hat Konsequenzen. Und zwar in der Regel negative. Wenn wir uns Sorgen machen, dann aber richtig. Die entfernte Möglichkeit eines Unglücks wird dabei zur wahrscheinlichen Katastrophe. Das ist natürlich fatal – denn es zieht einen Großteil unserer Energie von dem ab, was im Augenblick wirklich und wichtig ist. Ich denke, dieser Punkt leuchtet Ihnen sofort ein. Warum aber sollten übertriebene Vorstellungen von etwas Schönem, Positivem, Angenehmem schlecht sein? Das ist doch motivierend! Ja, das stimmt tatsächlich. Wenn wir uns einen neuen HD-Plasmafernseher wünschen, einen tollen Sportwagen oder, weniger prosaisch, die große Liebe. Das kann in der Tat äußerst motivierend sein.

Prinzip der Werbung

Das ist einer der Gründe, warum Werbung funktioniert. Denn wenn wir uns vorstellen, wie schön es ist, etwas zu haben, stellen wir es uns immer viel schöner vor, als es dann tatsächlich ist. Und wenn wir einen Menschen anhimmeln, stellen wir ihn uns viel netter, sympathischer und attraktiver vor, als er wirklich ist – da mag er in Wirklichkeit noch so liebenswert sein. So toll wie in unserer Vorstellung kann er kaum sein, wenn er ein Mensch ist. Wenn wir uns einen Traumjob vorstellen, ist der ebenfalls in der alltäglichen Praxis nicht annähernd so wunderbar wie in unserer Vorstellung. Das alles nicht etwa, weil wir zu blöd wären, realistisch zu denken. Sondern einfach, weil unser Gehirn nun einmal so funktioniert.

Mit aller Macht will uns unser Organismus von Schlechtem und Gefährlichem abhalten – und mit ebensolcher Kraft zum Angenehmen und Lustvollen hinbewegen. Dass unser Gehirn so funktioniert, hat schon seinen Sinn. Unzählige Jahrtausende lebte der Mensch gefährlich. Die Angst vor dem eventuellen Tiger im Gebüsch konnte ruhig unrealistisch sein – aber einer, der zu oft weglief, überlebte, während sein entspannter Zeitgenosse schon beim ersten Zögern zu Tigerfutter wurde und von der weiteren Evolution ausgeschlossen blieb. Die Helden, wenn es denn welche gab, sind ausgestorben. Ähnlich ist es mit dem Lustvollen: Die Lust, die zum Genuss einer Frucht anregt, mag unrealistisch sein – doch der Gierigere greift schneller zu als der Bescheidene. Die Bescheidenen, wenn es die denn einmal gegeben haben sollte, sind also auch ausgestorben.

Also stimmt es tatsächlich: Die übertriebenen Vorstellungen motivieren. Und das liegt sogar in unserer Natur. Und doch ist das nur die halbe Wahrheit. Übertrieben negative Vorstellungen machen uns ängstlich und halten uns davon ab, Neues zu probieren. Übertrieben positive veranlassen uns, fragwürdigen Dingen nachzulaufen, und führen fast immer zu Enttäuschungen. Um enttäuscht zu werden, reicht es also schon aus, etwas Positives zu erwarten. Das sind die Erwartungsfallen, in die wir immer wieder tappen. Wir haben die Wahl zwischen Angst und Enttäuschung.

Sich ent-täuschen

Die Wahl zwischen Angst und Enttäuschung oder gleich beides – das ist nicht sehr befriedigend. Aber keine Panik: Obwohl unser

Gehirn nun mal so funktioniert, wie zuvor beschrieben, haben Sie es in der Hand, es besser zu machen.

Sich von Täuschungen befreien

Der erste Schritt: Ent-Täuschung. Aber nicht die, die man erlebt (weil sich beispielsweise der Ex-Traumpartner als treuloser Vollidiot entpuppte), sondern die, die Sie selbst herbeiführen. Sie lassen sich also nicht enttäuschen: Neugierig, ohne irgendwelche negativen Gefühle, öffnen Sie Ihre Augen und befreien sich von den Täuschungen, die Erwartungen so mit sich bringen. Sie ent-täuschen sich also.

Erwartungen vernünftig dosieren

Auf längere Sicht gesehen funktioniert das, indem Sie üben, Erwartungen so einzusetzen, dass Sie nur die Vorteile genießen: Motivation beziehungsweise Warnung. Sie kultivieren geistige Offenheit und erwarten möglichst gar nichts – Sie tun, was Sie tun, mit ganzem Herzen und genießen den Weg und die Früchte, die Sie dabei ernten. Wenn Sie säen, sind Sie ganz beim Säen – und genießen es. Wenn Sie die wachsenden Pflanzen pflegen und wässern, sind Sie ganz dabei – und genießen das. Und wenn Erntezeit ist, ernten Sie die reifen Früchte und genießen diese. Es ist ja gar nicht nötig, sich beim Säen und Bewässern des Feldes mit der Erwartung überirdisch köstlicher Früchte abzulenken – nur um dann, weil die Ernte vielleicht verhagelt wurde, enttäuscht zu werden und sich die Haare zu raufen.

Ent-täuschen Sie sich, indem Sie Täuschungen gar nicht erst zulassen. Das geht natürlich nicht mit einem Schalter, den Sie umlegen. Wie jede dauerhafte Veränderung ist es eine Gewohnheit, die erst einmal eingeübt werden muss. (Und natürlich können Sie auch das genießen!)

best case und worst case

Was Sie für die Ent-Täuschung sofort tun können: Entwerfen Sie immer zwei Bilder – Best-case- und Worst-case-Szenarios. Im Unterbewusstsein überlagern sich dann das übertrieben gute und das übertrieben schlechte Bild und reduzieren die Täuschung. So tappen Sie nicht so leicht in Erwartungsfallen. Nach kurzer Zeit werden Sie feststellen, dass die Erwartungen, positive wie negative, gar nichts bringen und Sie nur gewinnen, wenn Sie die Erwartungen einfach loslassen.

Das ist nur ein Vorspiel. Denn wenn Sie wirklich ganz das tun, was Sie tun, und alles geben – dann kommen Sie gar nicht mehr dazu, sich in Erwartungen zu suhlen. Für so einen Quatsch ist Ihnen Ihr Leben dann viel zu schade.

Kein Unglück wird geringer, weil Sie es erwarten. Kein Glück wird größer, weil Sie es erwarten. Ihr Leben wird Glücksfälle und leider auch Unglücksfälle mit sich bringen. Doch nicht die Ereignisse entscheiden darüber, ob Sie glücklich oder unglücklich sind. Nur wie Sie mit dem wechselhaften Glück umgehen, zählt. Ruhen Sie in sich, ist Ihr Herz stets bei dem, was Sie tun, werden Sie durch Unglücksfälle nicht aus der Bahn geworfen und können Ihr Glück genießen, ohne bittere Tropfen der Enttäuschung herauszuschmecken. Ist das nicht lecker?

Uh-Way

Handeln »ohne Tun«

»I did it my way...« sangen so unterschiedliche Künstler wie Frank Sinatra und Sid Vicious. Seinen eigenen Weg zu gehen, ist auch eine prima Sache – und nicht nur für Künstler. Der Uh-Way hängt damit zusammen. Auch wenn er eigentlich aus China kommt und normalerweise *Wu Wei* geschrieben wird. »Wu Wei« bedeutet wörtlich ungefähr (im Chinesischen ist alles ein wenig vage) »ohne Tun«. Die perfekte Philosophie für Faulenzer – könnte man meinen. Das wäre aber doch zu billig. Es ist natürlich viel tiefsinniger. »Wu Wei« heißt nicht faul herumhängen, sondern: die Dinge in Einklang mit sich selbst und der Natur tun, anstrengungslos, zum richtigen Zeitpunkt, ohne Übereifer, Hektik und Aktionismus, aus einer klaren, in sich ruhenden Geisteshaltung heraus handeln.

Was die chinesische Philosophie lehrt

Ich finde das deutlich besser als einfach so »abzuhängen«. Und es ist genau die Haltung, die dazu führt, dass wir das, was wir tun, aus ganzem Herzen tun können. Obwohl Wu Wei eine über 2000 Jahre alte chinesische Philosophie ist, zeitlich und kulturell so weit weg von uns, wie es nur geht, ist sie gleichzeitig absolut aktuell und lebensnah. Im Wu Wei taucht schon das Grundthema dieses Buches auf: Gib alles – und lass dazu erst einmal den Übereifer, das Zwanghaft-Gewollte, Sorgen, Ängste, Stress. Sei achtsam und wach, ruhe in dir und tue das, was du wirklich willst. Konzentriere dich nicht auf das Wollen, Wünschen, Müssen, sondern einfach voll und ganz auf das, was du tust. Dann wird dir auch alles gelingen.

Wenn man mal darüber nachdenkt, ist es eigentlich gar nicht so wahnsinnig erstaunlich, dass eine uralte chinesische Idee auch hier und heute so gut funktioniert. Was im Innersten richtig ist, bleibt eben richtig. Auch vor 10.000 Jahren war eins und eins schon zwei – und wir können davon ausgehen, dass das auch so bleibt.

Keine Kraft ins Verweigern stecken

Wu Wei, das absichtslose, anstrengungslose, kraftvolle Handeln aus ganzem Herzen, zu verwirklichen, ist ganz einfach. Und zwar wirklich einfach, nicht schwierig-einfach, wie so manch anderes, über das wir gesprochen haben.

> Hören Sie damit auf, auch nur das geringste bisschen Energie ins Verweigern zu stecken.

Beispiel Orchester

Vor einer Weile war ich auf einem Orchester-Probenwochenende. Eine Freundin, die ich im Auto mitnahm, klagte schon die ganze Woche vorher, wie anstrengend, zeitaufwändig und teuer diese Probenwochenenden doch seien. Man müsse mit drei oder vier Leuten ein Zimmer teilen, die einem nicht unbedingt allzu sympathisch sind. Und beim langen Autofahren würde ihr immer schlecht. Das Essen wäre meistens auch eher mies … usw.

Man kann das natürlich anders sehen. Positiv. So ein Probenwochenende findet ja nur einmal pro Saison statt. Die Musiker, die während der Proben kaum miteinander sprechen können, lernen sich besser kennen. Man macht gemeinsam Musik – und das ist immer schön. Man macht neue Erfahrungen und lernt musikalisch etwas dazu. Man übt mehr, als man es sonst täte.

Doch wenn jemand in negativer Stimmung ist, nervt ihn beziehungsweise sie die Anregung, doch lieber positiv zu denken. So war es auch bei Susanne. Je mehr positive Aspekte ich aufzählte, desto stärker verteidigte sie die negative Sicht. Ich begriff schnell, dass ich so nicht weiterkam.

Und etwas genervt rutschte mir heraus: »Ja, wenn du nicht willst, dann fahr doch einfach nicht.«

Das war natürlich etwas unfair, denn sie hatte das Gefühl, es tun zu müssen. Wir haben ja schon über die Illusion des Müssens gesprochen. Aber darüber wollte ich ihr nun gerade keine Vorträge halten. Sie war ohnehin schon genervt. Und ich verstand ja ihr Dilemma: Sie wollte die Orchestergemeinschaft nicht im Stich lassen – beim Zusammenspiel kommt es immer auf alle an. Also wollte sie natürlich irgendwie doch – und nannte dieses Wollen wegen der negativen Aspekte »Müssen«. Schließlich verfiel ich auf die Idee, es einmal ganz anders zu versuchen: Ich fragte sie, ob sie ganz sicher mitfahren wolle. Klar wollte sie, aber … Es gab negative Teile. Aber sie würde auf jeden Fall trotzdem mitfahren.

Irgendwie gelang es mir dann, das Thema völlig zu wechseln und über Ökologie, Umweltverschmutzung und Energieverschwendung zu sprechen. Mitten in diesem Gespräch fragte ich auf einmal: »Ist der Widerstand gegen etwas, das man auf jeden Fall tut, nicht eine ziemliche Energieverschwendung?« Wie aus der Pistole geschossen antwortete sie: »Na, allerdings!« Dann wurde ihr plötzlich klar, was sie gerade selbst gesagt hatte, und sie grinste mich schief an. »Geschickt eingefädelt!« Dann, nach ein wenig Nachdenken, meinte sie: »Es stimmt tatsächlich. Im Grunde ist es ja wirklich reine Energieverschwendung.« Von dem Tag an hörte ich keine Klagen mehr. Und das Orchesterwochenende war – wie immer – im Großen und Ganzen wirklich toll.

Ganz oder gar nicht

Es ist gut, positiv zu denken. Aber das heißt ja nicht, dass alles Negative verschwindet. Manchmal drängen sich negative Vorstellungen ungewollt auf und lassen sich nicht so leicht vertreiben. Und dann sollten Sie überlegen: Wollen Sie es trotzdem tun? Wenn ja: Vergeuden Sie Ihre Energien nicht, indem Sie sie ins Verweigern stecken. Das ist die Energie, die vollkommen nutzlos verpufft. Tun Sie, was Sie tun, mit ganzem Herzen. Oder lassen Sie es mit ganzem Herzen bleiben.

Energieverschwendung

Der Widerstand gegen das, was man tut, ist nur eine von vielen Methoden, mit denen wir uns unserer Energie berauben. Das Verweigern aufzugeben, kann schon einen riesigen Zuwachs an Lebenskraft bedeuten. Wenn Sie das am eigenen Leib erfahren haben, haben Sie vielleicht Lust auf noch mehr Energie? Energie, die Sie gewinnen können, indem Sie sich nicht *mehr*, sondern *weniger* anstrengen? Ein paar Ideen hätte ich da schon parat:

Auf Fernsehen verzichten

Fangen wir mal mit etwas an, das Ihnen sofort mehr Zeit gibt, das die negativen Denkbewegungen beruhigt, zerstreutes Denken konzentriert und Ihnen möglicherweise so viel Energie verleiht, dass Sie erst einmal ganz unruhig werden. Nach all dem ist es möglicherweise eine Antiklimax, wenn ich verrate, was es ist: auf das Fernsehen verzichten! Wenn Sie zu den Glücklichen gehören, die kein Fernsehgerät besitzen, oder zu den Menschen mit ausgeprägter Selbstkontrolle, denen es gelingt, das Gerät nicht regelmäßig einzuschalten – super!

Ja, ja – es gibt interessante Sendungen, lehrreiche, eventuell sogar bereichernde, es gibt Informationen über das Tagesgeschehen, über das man auf dem Laufenden bleiben möchte. Es gibt manchmal auch einfach simple Unterhaltung, wenn man einmal ausspannen will. Alles richtig. Und trotzdem: Auch wenn Sie nur die Nachrichten sehen, raubt Ihnen das Ding viel Lebenskraft. Über die Auswirkungen des Fernsehens, sogar allein über die physiologischen Auswirkungen auf das Gehirn, könnte man ein ganzes Buch schreiben. Hat man natürlich auch schon. Es gibt Psychologen, Mediziner und Soziologen, die ihr gesamtes Forscherleben der Erforschung der Wirkungen des Fernsehens widmen. Lesen Sie darüber nach, wenn es Sie interessiert. Aber ich möchte das jetzt gar nicht weiter auswalzen. Und wozu auch, wenn Sie es ganz leicht selbst herausfinden können?

Übung TV-Entziehungskur

Machen Sie eine einwöchige TV-Entziehungkur. Wie bei jeder Diät sind die ersten Tage die schlimmsten – dann wird es einfacher und schließlich fühlt man sich deutlich wohler.

Bestimmt finden Sie gute Gründe, trotzdem zu glotzen: Die 20-Uhr-Nachrichten muss man doch sehen! Diese Tiersendung, Diskussionsrunde, Reportage möchte ich auf keinen Fall verpassen. Diesen Film wollte ich schon so lange sehen – da müsste ich

Jahre warten, bis der wieder gesendet wird. Und so weiter. Niemand zwingt Sie. Sie können es natürlich bleiben lassen – nur werden Sie dann nicht erfahren, wie gut so ein Fernsehverzicht tut.

Das Diät-Prinzip ausweiten

Dieses Diät-Prinzip können Sie ausweiten. Wie wäre es mit einer Woche ohne Smalltalk? Eine Woche ohne die Zeitung? Ohne Internet? Es ist aber nicht unbedingt nötig, auf das Fernsehen, das Internet, die Zeitung oder Smalltalk zu verzichten, um alles zu geben und seine Energie ganz auf das zu richten, was man wirklich tun will. Die Diätvorschläge helfen jedoch ungemein dabei, sich darüber klar zu werden, dass man nicht weniger, sondern fast immer mehr hat, wenn man Unnötiges weglässt.

Das Unwesentliche wegzulassen, ist ganz wesentlich. Wenn sich im Kopf 10.000 Wünsche, 100.000 Ideen, Gedanken, Bilder, Sorgen, Einflüsse, Überlegungen tummeln – wie will man dann erkennen, was man wirklich möchte? Was einen wirklich weiterbringt und zufrieden macht? Wie kann man bei all dem Trubel etwas Neues wagen?

Aufhören, im Glas zu rühren

Wenn Sie ein Glas Wasser aus einem trüben Tümpel schöpfen, haben Sie eine unappetitliche, trübe Brühe vor sich. Was tun Sie? Das Zeug wegkippen natürlich. Aber was, wenn Sie nur dieses Wasser haben und durstig sind? Auf keinen Fall sollten Sie dann anfangen, wie wild umzurühren. Und wenn Sie noch so durstig sind. Hören Sie mit dem Quirlen auf und lassen Sie das Wasser ruhig werden. Wenn Sie einfach aufhören zu rühren, wird sich nach einiger Zeit die Erde unten absetzen und das Wasser wird klar.

Ebenso können Sie Herz und Geist klar werden lassen, indem Sie einfach eine Weile damit aufhören, ständig darin herumzurühren. Die schlimmsten Schmutzquirls sind die Energieverschwender, die ich vorhin genannt habe. Fernsehen, Internetsurfen, Smalltalk und Konsorten. Wenn Sie diese abschalten, beruhigt sich das sprudelnde Wasser im Gefäß Ihres Geistes schon ein wenig. Und um es ganz ruhig und klar werden zu lassen, können Sie einmal etwas ganz anderes ausprobieren.

Das Herz leicht, der Geist klar

Was ist Meditation?

Das Wort »Meditation« kennen Sie bestimmt. Trotzdem bestehen oft etwas irreführende Vorstellungen darüber, was Meditation eigentlich ist. Es ist keine religiöse Übung, schon gar keine Religion. Es ist auch keine Entspannungsübung. Meditation ist etwas, das Sie im Prinzip gut kennen. Es ist ein bisschen wie Flow, nur ohne Tun. Es ist die völlige Konzentration auf … Nichts.

Na, das sollte eigentlich nicht so schwierig werden. Der kleine, aber gemeine Unterschied zwischen sich nicht konzentrieren und sich auf Nichts konzentrieren sorgt dann aber doch für Irritationen. Nichts ist ja nichts – wie soll man sich darauf konzentrieren? Ja, wenn man darüber nachdenkt, wird man eher gaga als ruhig, gelassen und weise. Aber ums Nachdenken geht es eben nicht. Ich will es Ihnen nicht zu schwer machen und Ihnen einen kleinen Trick verraten: Wenn man den Geist ganz und gar auf etwas richtet, ist es eigentlich ziemlich egal, was das ist. Das Nichts kommt dann ganz von selbst.

Jetzt ist es ganz gegen meine Absicht doch ein wenig mysteriös geworden. Es klingt aber nur so. Das Meditieren selbst ist ganz einfach. Probieren Sie es doch einmal aus:

Übung Meditation

Setzen Sie sich bequem hin. Sie müssen sich dazu nicht verbiegen. Sie können sich sogar hinlegen – nur schlafen Sie dann vielleicht ein. Doch statt zu schlafen sollten Sie Ihre Aufmerksamkeit ganz auf eine einzige Sache richten. Ein paar Dinge sind dafür besonders geeignet. Zum Beispiel die Atembewegung. Folgen Sie Ihrem Atem, achten Sie auf das Weiten der Lunge beim Einatmen und die ausströmende Luft beim Ausatmen.

Vielleicht werden Sie die Konzentration nicht lange aufrechterhalten können. Gedanken drängen sich auf. Plötzlich juckt es irgendwo. Auf einmal wird die bequeme Position unbequem. Wie lange noch …? Lassen Sie sich nicht entmutigen. Das ist alles ganz normal. Wenn Sie merken, dass Ihre Aufmerksamkeit abschweift, kehren Sie einfach zu Ihrem Atem zurück.

Anstatt sich auf den Atem zu konzentrieren, können Sie Ihre Aufmerksamkeit auch auf ein Wort (ein sogenanntes Mantra) richten, auf die Berührung der aneinandergelegten Hände (eine sogenannte Mudra) oder auf eine brennende Kerze (in diesem Fall sollten Sie die Augen offen lassen, sonst ist die Kerz für die Katz).

Die Kurzbeschreibung von Meditation lautet also: sich auf etwas konzentrieren und immer wieder darauf zurückkommen. Das ist nun wirklich nicht so kompliziert. Wenn Sie das zweimal täglich 15 Minuten lang üben, werden Sie merken, dass Ihr Geist immer klarer und Ihr Herz immer leichter wird. Ihre Konzentrationsfähigkeit wird besser. Ihre Gelassenheit nimmt zu. Und Ihnen steht mehr Energie für das Wesentliche zur Verfügung. Nach einer Weile werden Sie merken, wie Sie bei der Konzentration auf etwas eine Weile an gar nichts gedacht haben. Und dann werden Sie wissen, warum Meditation so guttut. Sie hält das Gedankenkarussell an und dann sehen Sie, welche Energie in Ihrem Geist steckt.

Leben auf Sparflamme

Jetzt haben wir schon ein paarmal darüber gesprochen, wie man Energie spart, nicht vergeudet oder sogar gewinnt. Dabei sollte aber klar sein, dass dieses Energiesparen kein Selbstzweck ist. Wir wollen unser Leben ja nicht auf Sparflamme leben!

Wenn die Angst regiert

Es gibt aber tatsächlich Menschen, die das tun. Sie essen nur Gesundes, glotzen nicht TV, denken positiv, treiben ein wenig Sport und Selbsterkenntnis – und leben dennoch nicht wirklich ihr Leben. In ihnen regiert die Angst. Die Angst, etwas falsch zu machen, die Angst krank zu werden, die Angst den Arbeitsplatz, den Partner, das Ersparte oder die Reputation zu verlieren. Da bringt das ganze Energiesparen wenig. Die Angst verbraucht die gesparte Energie sofort wieder.

Ein Leben auf Sparflamme ist so, wie tief einzuatmen, dann aber nur ein kleines bisschen auszuatmen. Es ist eben selbst beim Atmen so: Je mehr man gibt, desto mehr bekommt man. Auf Dauer die Luft anzuhalten, Energie einzusparen, ohne sie zu gebrauchen, Geld und Güter anzuhäufen, ohne sie glückserzeugend einzusetzen – das ist alles sinnlos. Anstatt freier zu werden, wird man nur kurzatmig und fühlt eine erstickende Enge. Und gerade dann brauchen wir unsere Energie: um die Enge zu durchbrechen, um frei und selbstbestimmt zu leben und neue Horizonte zu entdecken.

Angstmuskeln loslassen

Unsere Lebensflamme auf Sparflamme herunterzuregeln kostet Kraft. Doch die Gewohnheit lässt uns das so wenig bewusst werden wie die Tätigkeit unserer Muskulatur, die uns gegen den Zug der Schwerkraft aufrecht hält. Um unser Leben von Sparflamme auf klares Licht umzuschalten, müssten wir eigentlich nur die gewohnheitsmäßig verspannten Angstmuskeln loslassen.

Loslassen und Geben verstärken sich

An dieser Stelle möchte ich einmal darauf hinweisen, dass das »Alles Geben« und das Loslassen sich gegenseitig verstärken: Wenn wir Ängste loslassen, unsere innere Kraft befreien, positiv und produktiv denken, unsere Sorgen in den Griff bekommen, meditieren und uns von alten Denk-, Gefühls- und Verhaltensmustern lösen, dann wird es viel leichter, alles zu geben. Dann werden wir eher mit ganzem Herzen tun, was wir tun, und bekommen, was wir wirklich wollen.

Umgekehrt funktioniert es aber überraschenderweise ebenso: Handeln wir aus ganzem Herzen und geben wir alles, werden sich Ängste und Sorgen auflösen, alte Muster verlieren ihre Macht über uns und wir werden positiv, produktiv und voller Energie sein.

Bisher haben wir vor allem die eine Seite betrachtet: wie wir die Bleischuhe ablegen, die uns davon abhalten, alles zu geben. Nun werden wir es einmal andersherum probieren und sehen, was geschieht, wenn wir tatsächlich alles geben – und wie wir das am besten anpacken. Im nächsten Kapitel treffen sich die beiden Wege. Dabei geht es erst einmal ums Loslassen – aber das Loslassen wird durch das »Alles Geben« erreicht.

Anleitung zur Angsthasenjagd

Fight or Flight

Ängste sind nicht nur natürlich, sondern überlebensnotwendig. Ein steinzeitlicher, furchtloser Held, der den Leitbullen der Mammutherde mit bloßen Händen erwürgen wollte, wäre nicht nur unglaublich dämlich, sondern auch bald sehr tot. So einen Helden gab es natürlich nie, denn die Natur hatte in den Gehirnen schon lange einen automatischen Schutzmechanismus installiert. Der meldet sich auch heute noch – immer dann, wenn es gefährlich wird. Das Herz beginnt schneller zu schlagen, der Atem wird schneller, die Verdauung wird abgeschaltet und Hormone wie Adrenalin sorgen für hundertprozentige Aufmerksamkeit und Wachheit. Alles wird für Flucht oder Kampf vorbereitet. Alle Kraft steht für kurze Zeit voll zur Verfügung. Eine halbe Stunde später kommt es zur Gegenreaktion – die Muskeln erschlaffen, der Hormonsspiegel reguliert sich wieder auf den Normalzustand. Nun ist es Zeit, sich nach der kräftezehrenden Flucht oder nach dem heftigen Kampf wieder zu regenerieren.

Schon toll, was der Körper zustande bringt! Aber nicht so toll, dass unserer komplizierten Psyche nicht noch Seltsameres gelänge. Beispielsweise, die natürliche, sinnvolle Angstreaktion des Körpers zu verwenden, um ein scheinbar allein seelisches und nur zu oft völlig sinnloses Phänomen zu erzeugen: Angst.

Mal ehrlich: Wie oft wurden Sie in letzter Zeit von Mammuts oder Säbelzahntigern attackiert oder von der moderneren Fassung, von U-Bahn-Schlägern? Ich hoffe, gar nicht. Und doch ist es gut möglich, dass Sie Angst erlebt haben. Immerhin leidet jeder Siebte mindestens einmal in seinem Leben an so starken Ängsten, dass er zum Arzt geht. (In den USA ist es sogar jeder Fünfte!) Doch das Gefühl der Angst bringt man nur selten mit dem Körper in Verbindung. Psychologen haben komplizierte Theorien entworfen. Und fast alle, außer den modernsten, liegen völlig daneben.

Angst als körperlicher Vorgang

Die Angstreaktion ist ein körperlicher Vorgang. Und der wird ausgelöst, wenn etwas gefährlich ist. Oder vielmehr: wenn wir etwas als Gefahr interpretieren. Unser hoch entwickeltes Gehirn ist unglaublich gut darin, Dinge zu interpretieren. Wir lernen so schnell, weil wir Muster gut erkennen. Auch wenn gar keine da sind.

Es gibt Menschen, die Angst vor kleinen Spinnen haben, vor dem U-Bahn-Fahren, vor offenen Plätzen oder öffentlichem Reden … und dann läuft die uralte körperliche Reaktion ab. Nur, dass der Betroffene davon oft gar nichts mitbekommt, sondern nur das psychische Gefühl Angst spürt. Ein eher unschönes Gefühl. Eines, das aufregt und erschöpft. Das die Freiheit des Handelns und mögliche

Chancen einschränkt. In Extremfällen wird Angst zu einem richtigen Gefängnis. In einer psychosomatischen Klinik erlebte ich einmal eine Frau, die sich nur im selbstgebastelten Schutzanzug aus großen blauen Plastiktüten aus der Wohnung wagte, da sie eine grauenvolle Angst davor hatte, sich mit einer Krankheit anzustecken.

Verstand kommt nicht gegen Angst an

Der Verstand kann da meist nicht viel machen. Da kann man noch so lange auf einer Couch liegen und einem verschrobenen Akademiker seine Kindheitserinnerungen erzählen. Auch Wissen und Erklärungen helfen nichts. Jemand, der Flugangst hat, verliert die Angst nicht, wenn er erfährt, dass Flugzeuge die sichersten Verkehrsmittel sind. Die Spinne erzeugt auch dann noch Panik, wenn im Biologiebuch lang und breit ihre Ungiftigkeit und Nützlichkeit erklärt wird. Und das ist auch klar: Schließlich sind es nicht die Spinne oder der Flieger, die Angst erzeugen, sondern unser Gehirn.

Vermeidungsstrategie

Etwas gegen Ängste zu tun, ist sehr zu empfehlen. Denn sie bekommen, wie Sorgen, Nachwuchs. Wer vor einer bestimmten Situation Angst hat und sie meidet, kann damit zwar erstmal problemlos leben, wenn er Glück hat. Wenn jemand sich vor dem Fliegen fürchtet, aber nie irgendwo hinfliegen will, scheint ja alles in Ordnung zu sein. Solange er keine Lust zu reisen hat und auch beruflich nirgendwo hin muss. Doch wenn das Vermeiden erfolgreich ist, lernt das Gehirn: Vermeiden ist gut. Und dann macht sich das Unterbewusstsein auf die Suche: Wo fühle ich mich denn noch nicht völlig wohl? Hm, Autofahren ist ja auch gefährlich …

Die Angst kann sich leicht ausweiten. Und tut es dann auch oft, fast bei jedem. Auch wenn es keine großen oder exotischen Ängste sind; auch die kleinen, ganz alltäglichen Ängste vermehren sich gern. Angst ist ja ein Ausdruck davon, dass wir etwas lernen – blöderweise eben nur manchmal das Falsche. Die Angsthasenproduktion bringt gar nichts ein.

Was können wir gegen den Angsthasen in uns tun? Es ist so lächerlich einfach, dass Sie es kaum glauben werden – vor allem dann, wenn Sie unter einer starken Angst, einer Phobie, leiden.

Und zugegeben: Das Einfach ist wieder einmal ein Schwierig-einfach. Die versprochene Anleitung zur Angsthasenjagd steckt aber schon in den ersten Absätzen dieses Kapitels. Haben Sie es bemerkt?

Nicht vor der Angst flüchten!

Das Geheimnis liegt darin, dass die körperliche Reaktion, die die Grundlage des Angstgefühls ist, spätestens nach einer halben Stunde von selbst aufhört. Dazu ist nur eines nötig: nicht vor der Angst zu flüchten, sondern einfach dabei zu bleiben! Die Angst wird immer von selbst aufhören – nach einer halben Stunde. Oft auch schneller. Wenn man Angst erlebt, erträgt und nicht flieht, lernt das Gehirn, die Lage neu zu bewerten. Macht man das ein paarmal, lösen die Spinne, die U-Bahn, der Flieger, die Rede, die man halten soll, das Gespräch mit dem Chef keine Angst mehr aus.

Vor was auch immer Sie Angst haben (außer realen körperlichen Bedrohungen): Laufen Sie nicht weg, wenden Sie keine angstreduzierenden Tricks wie Entspannungsübungen oder positive Affirmationen an, reden Sie die Angst nicht klein, rationalisieren Sie nicht und suchen Sie nicht nach guten Gründen, keine Angst zu haben – entziehen Sie sich nicht der Angst. Geben Sie alles. Halten Sie das Angstgefühl in Ihrem Bewusstsein. Es wird Ihnen nicht lange gelingen. Das Gefühl löst sich auf.

Gehen Sie mit ganzem Herzen in die Angstsituation. Und Sie werden mit einem Löwenherz daraus hervorgehen.

Beispiel Goethe

Goethe war nicht nur ein Genie, sondern auch sonst ganz schlau. Und einer, der immer alles gab. Eine Zeitlang hatte der große Dichter und Naturforscher eine Heiden-Höhenangst, die ihm bei seinen Wanderungen im Gebirge ziemlich lästig war. Er verordnete sich die sinnvollste Hilfe gegen Ängste: eine Konfrontationstherapie. Er ließ sich von seiner starken Angst nicht davon abhalten, »den höchsten Gipfel des Münsterturms« hinaufzusteigen: »Dergleichen Angst und Qual wiederholte ich so oft, bis der Eindruck mir ganz gleichgültig ward.« (Goethe, Dichtung und Wahrheit, S. 337–338)

Und was Goethe kann, können Sie auch. Naja, dichten vielleicht nicht. Aber Ängste besiegen ganz sicher.

7 Wege, alles zu geben

Die Anlauf-Energie

Eigentlich gibt es nur noch ein Problem, wenn man erst einmal wirklich erkannt hat, dass alles zu geben das Beste ist, was man für sich tun kann – und zwar die Anlauf-Energie. Vielleicht geht es Ihnen so, dass Sie gerne alles geben möchten – aber sich nicht wirklich klar darüber sind, wie Sie das praktisch anstellen sollen.

Wie es konkret geht

Tun Sie mit ganzem Herzen, was Sie tun – das stimmt immer. Aber wie, um Himmels willen, mögen Sie sich fragen, mache ich das nun ganz konkret, wenn ich langweilige Aktenordner bearbeiten muss, wenn der Partner nörgelt und es in der Beziehung kriselt, wenn ich an mir selbst arbeiten will, wenn ich ein persönliches Ziel erreichen will? Diese Frage ist überhaupt nicht abwegig, sondern wirklich ganz zentral. Und wenn Sie daran zweifeln, dass es da ein Patentrezept gibt, das für alle Menschen in sämtlichen Lebenslagen funktioniert, zweifeln Sie völlig zu Recht.

Jeder Mensch ist einmalig. Und trotzdem gibt es nicht unendlich viele Wege, alles zu geben. So wie es trotz aller Einmaligkeit und trotz aller Individualität nicht unendlich viele Möglichkeiten gibt zu schwimmen. Es gibt wahrscheinlich mehr Möglichkeiten, als mir eingefallen sind – doch wahrscheinlich nicht viel mehr grundsätzlich andere. Ich bin auf 7 Wege gekommen: ganz im Hier und Jetzt sein; Wachstum fördern; der Neugierde folgen; den Menschen in den Mittelpunkt stellen; etwas so gut wie möglich tun; nach Schönheit streben; nach Sinn suchen.

Wege flexibel begehbar

Das sind jetzt natürlich vorerst einmal nur Schlagworte, die Ihnen möglicherweise gar nicht viel sagen. Dabei wollen wir es natürlich nicht belassen, sondern das ganze einmal mit Fleisch füllen (oder für Vegetarier mit Tofu). Nur noch eines vorweg: Diese 7 Wege schließen einander nicht aus. Sie sind Geisteshaltungen, die Freude ins Tun bringen können und mit denen Sie völlig frei experimentieren dürfen. Es ist auch nicht jeder Weg für jedes Tun gleichermaßen geeignet: Beispielsweise könnte »im Hier und Jetzt sein« oder »etwas so gut wie möglich tun« (beziehungsweise Perfektion anstreben) in Ihrem Job am besten funktionieren, während Ihre Beziehung von »den Menschen in den Mittelpunkt stellen« (beziehungsweise menschlicher Kommunikation) und »Wachstum fördern« am meisten profitiert. Bei Ihrer persönlichen Entwicklung mögen »der Neugierde folgen«, »nach Schönheit streben« oder »nach Sinn suchen« am hilfreichsten sein.

Persönliche Vorlieben beachten

Ganz wichtig sind Ihre persönlichen Vorlieben. Wenn Sie merken, dass Ihnen ein Weg schwerfällt, probieren Sie einfach einen anderen aus. Nehmen Sie die Anregungen und spielen Sie damit. Und evaluieren Sie Ihre Erfahrungen – achten Sie darauf, was es für Sie bringt! Ihre wichtigsten Messgeräte sind Ihr Wohlbefinden und Ihr Glücksgefühl.

1. Weg: Im Hier und Jetzt sein

Gedanken flitzen herum

Wo sonst? Wann sonst? Ist das nicht albern, vorzuschlagen, dass Sie jetzt hier sein sollen, wenn Sie doch ohnehin nirgendwo und irgendwann anders sind? Nein, gar nicht. Beobachten Sie sich einmal selbst. Ihr Körper ist freilich immer hier. Aber wie sieht es mit Ihren Gedanken aus? Die sind ganz sicher nicht immer hier. Und ebenso selten sind sie im Jetzt, im gegenwärtigen Moment. Unser Bewusstsein saust munter in der Raumzeit hin und her. In die Vergangenheit, dann kurz wieder in die Gegenwart zurück, dann wieder in die Zukunft. Von dem Streit mit dem Partner am vorigen Tag zu einem Kindheitserlebnis zur Steuererklärung zum nächsten Urlaub.

Wenn Sie einmal Ihre Gedanken und das Hin und Zurück in Zeit und Raum beobachten, wird Ihnen wohl schon eine Ahnung kommen, dass sich einiges ändern würde, wenn dieses zeit- und raumvergessene Herumspringen einmal zur Ruhe käme. Wir haben ja schon einmal über Meditation gesprochen. In der Meditation kommen die Gedanken ganz zur Ruhe – und damit logischerweise auch das Herumirren in der Raumzeit.

Nun ist es zwar wunderbar und befreiend, die Gedanken hin und wieder ganz zur Ruhe zu bringen. Aber nicht immer. Es ist ja nicht so, dass es immer sinnvoll wäre, über nichts nachzudenken und seine Gedankenbewegung still stehen zu lassen. Wenn Sie eine geistige Tätigkeit ausüben, können Sie natürlich nicht gleichzeitig das Denken abschalten. Was Sie allerdings immer mit Gewinn tun können, ist, Ihre Gedanken zu fokussieren. Und das heißt, sie ganz auf… ja genau: das Hier und Jetzt zu konzentrieren und ganz und gar bei dem zu sein, was Sie gerade tun. Das ist schon beinahe wie Meditation. Und es bringt in der Regel Flow mit sich – alles läuft rund. Alles zu geben und mit ganzem Herzen zu tun, was Sie tun, wird Ihnen viel leichter fallen, wenn Sie auf das Hier und Jetzt fokussiert sind.

Gedanken zur Ruhe bringen

»Im Hier und Jetzt sein« und »Alles geben« ist allerdings nicht ganz dasselbe. Man kann sich auch verkrampft auf den Augenblick konzentrieren. Hier und Jetzt als Weg zum Tun aus ganzem Herzen funktioniert dann, wenn Sie die Freude daran entdecken, wenn Sie einen Sport daraus machen, Ihre Gedanken, immer dann, wenn sie abschweifen, zum Augenblick und zu dem, was Sie gerade tun, zurückzuführen. Es ist wirklich ein bisschen wie Sport – wenn man ihn lustvoll betreibt. Und ein bisschen wie ein Geschicklichkeitsspiel.

Wie ein Sport

Sich auf das Hier und Jetzt zu fokussieren ist eigentlich immer sinnvoll; doch seine größte Stärke zeigt sich vor allem dann, wenn das, was man tut, keinen ständigen Wechsel der Aufmerksamkeit oder Planung erfordert. Wenn Sie bei einer geschäftlichen Sitzung die Unternehmensstrategie planen, wenn Sie einen Roman entwerfen oder Ihre Vergangenheit aufarbeiten, ist es nicht unbedingt ideal, den Hier-und-Jetzt-Weg zu gehen, um mit ganzem Herzen zu tun, was Sie tun. Wenn Sie hingegen eine Rede halten, eine Maschine uberwachen, Ihr Baby wickeln oder im Gebirge klettern, ist dieser Weg besonders sinnvoll.

Am wichtigsten aber ist Ihr Gefühl dabei. Bedeutet Konzentration für Sie dasselbe wie harte Arbeit und Kopfschmerzen, dann ist »im Hier und Jetzt sein« ganz klar nicht der Weg für Sie, lustvoll alles zu geben. Hier geht es darum, dass Sie die Möglichkeiten erkunden, die Ihnen Freude am Tun verschaffen. Und wenn keine Freude aufkommt, dann probieren Sie einen anderen Weg aus. Wir haben ja noch ein paar…

Auf das Gefühl achten

2. Weg: Der Neugierde folgen

Mussten Sie als Kind auch öfter hören: »Sei nicht so neugierig!«? Ich glaube, Menschen, die so etwas zu Kindern sagen, machen sich nicht klar, dass sie dem Kind eigentlich sagen: »Sei nicht intelligent!«, »Versuche nicht, etwas Neues zu lernen!«, »Interessiere dich für nichts!« Aber das ist doch furchtbar!

Neugier als Triebfeder des Handelns

Die Neugier, die Begierde, etwas Neues kennenzulernen, ist bei jedem Menschen eine der stärksten Triebfedern des Handelns. Bei Kindern ist das auf jeden Fall so – bis ihnen irgendwann die Neugier entweder durch Verbote und Strafen (»Spielen verboten!«) oder durch Überfütterung mit völlig uninteressanten, langweiligen oder überfordernden Neuigkeiten (wie so oft in der Schule) ausgetrieben wird.

Und dennoch schlummert die Neugier weiterhin im Unterbewusstsein jedes Erwachsenen. Das kann ich deshalb so sicher sagen, weil unser Gehirn nun einmal zu einem großen Teil genau dafür geschaffen ist: um Neues kennenzulernen, Muster darin zu erkennen und damit seine Handlungsspielräume zu erweitern und die Überlebenschancen zu verbessern. Wie sollte ein Mensch sprechen oder lesen oder schreiben lernen, wenn da nicht eine ganz grundlegende Neugier in uns wäre?

Neugier lässt sich nicht austreiben

Der Mensch sucht, wenn er nicht sehr schlimme Erfahrungen machen musste, immer aktiv nach etwas Neuem. Fast jeder von uns möchte gerne ferne Länder besuchen (oder sie zumindest in einer TV-Dokumentation kennenlernen). Wenn ein Unfall passiert oder irgendetwas Ungewöhnliches geschieht, finden sich sofort Neugierige ein …

Unsere Neugier ist also eine positive Fähigkeit. Zumindest kann sie es sein. In vielen Jobs kann Neugier, oder nennen wir es vielleicht besser Wissensdrang, das Mittel sein, um Freude in das Tun zu bringen. Und das gilt selbstverständlich nicht nur für Jobs.

Beispiel des Schweißers Joe

Der berühmte Psychologe Mihály Csíkszentmihályi (der das Prinzip des Flow entdeckte) erzählt die Geschichte des Schweißers Joe, der zwar keine Schulbildung hat, dafür aber eine unbändige Neugierde. In der

Eisenbahnfabrik, in der er arbeitet, hassen alle ihren Job – es ist laut, dreckig und die Bezahlung ist auch nicht toll. Doch Joe ist neugierig und bringt sich nach und nach selbst bei, jede Maschine in der Firma zu verstehen – so weit, dass er sie reparieren kann, wenn etwas nicht läuft. Nicht nur den Hebekran, sondern sogar den Computer. Während seine Kollegen verbittert oder frustriert ihren Job machen, bringt ihn sein Wissensdrang dazu, alles zu geben. Mit dem Ergebnis, dass er nicht nur unverzichtbar für die Firma wird, sondern auch der zufriedenste Mitarbeiter ist.

Wenn Sie Ihren Wissensdrang aktivieren können, ist das einer der besten Wege, alles zu geben, mit ganzem Herzen zu tun, was Sie tun, und dabei Ihre Kompetenz, Ihre Chancen, vor allem aber Ihre Zufriedenheit enorm zu steigern.

Glück durch Erweiterung des Horizonts

Der Weg der Neugier zeigt ganz deutlich, wie das »Alles Geben« und das »Alles Bekommen« zusammenhängen: Je mehr Neugierde Sie aufbringen, desto mehr sind Sie, ohne sich auch nur ein bisschen anzustrengen, ganz vertieft in Ihr Tun und bekommen Wissen, eine Erweiterung Ihres Horizonts und Glücksgefühle – kostenlos und ohne sich darum gesondert zu bemühen.

Bei allen Tätigkeiten, die von Kenntnissen profitieren, ist der Weg der Neugier natürlich ganz besonders geeignet: Arzt, Steuerberater, Lehrer, Mutter, Verkäufer, spirituell Suchender … Neugier funktioniert hier wunderbar, um alles geben zu können.

Nicht immer ist Neugier der beste Weg

Natürlich muss sie einem liegen. Wenn Sie einen relativ eng umschriebenen Job haben, wo Sie in kurzer Zeit alles wissen, was es zu wissen gibt (aber gibt es das wirklich?), ist der Weg der Neugier möglicherweise nicht ideal. Und auch, wenn Ihre Tätigkeit eine so hohe Konzentration erfordert, dass Neugier gar nicht zum Zuge kommen kann (zum Beispiel, wenn Sie als Fluglotse arbeiten).

Am wichtigsten aber: Wenn Ihnen dieser Weg nicht liegt, bringt er Ihnen auch nichts. Vielleicht aber einer der nächsten … zumindest darauf sollten Sie ein wenig neugierig sein.

3. Weg: Wachstum fördern

Freude am Wachsenlassen

Meine Frau liebt Blumen. Unser großer Balkon in China ist ein bunter Garten und auch unser kleiner Balkon in München ist ein kleines Blumenparadies. Sie kauft nie Pflanzen, sondern immer nur Samen. Gerade das Wachsenlassen ist es, was sie so begeistert. Ich muss gestehen, dass ich diese Begeisterung früher nicht so ganz teilte. Ich liebe Wälder, aber das Wühlen im Garten war nie meine Sache. Heute sieht es etwas anders aus.

Es begann, als meine Frau erklärte, dass es mit dem Gärtnern eigentlich genauso sei wie mit dem Schreiben (sie ist Schriftstellerin). Das Schöne am Schreiben sei ja gerade, mit einem kleinen Samen, einer Idee, anzufangen und dann das Ganze wachsen zu lassen. Und so einfach ist das gar nicht: Ganz von allein passiert nicht viel – aber angestrengtes, mühevolles Getue kann auch schaden. Wer seine Pflanzen nicht gießt und pflegt, ist ein schlechter Gärtner. Wer aber ständig an den Blättern herumzupft, um das Wachstum zu beschleunigen, macht es auch nicht viel besser.

Für wen der Weg sich eignet

Das leuchtete mir ein – und ich bin dadurch nicht nur den Freuden des Gärtnerns etwas näher gekommen, sondern habe auch etwas Wichtiges über das Schreiben gelernt. Sich auf das Wachstum zu konzentrieren, kann ein hervorragender Weg sein, zum »Alles Geben« zu kommen. Nicht nur beim Gärtnern und Schreiben. Wachstum kann ein guter Weg für Eltern sein, für Lehrer, eigentlich für alle Menschen, die andere unterrichten, und natürlich für alle Menschen, die an ihrem eigenen Wachstum (sei es geistig, spirituell oder auch dem ihrer Muskeln) arbeiten wollen.

Mein Bruder ist Unternehmer. Als ich mich mit ihm über dieses Buch unterhielt, wurde mir klar, dass Wachstum auch sein Weg (oder genauer gesagt: einer seiner Wege) war, alles zu geben und dadurch alles zu erreichen, was er wollte. Er hatte sein Unternehmen mit genau der Liebe zum Wachstum aufgebaut, die meine Frau für das Schreiben und ihre Blumen einsetzte: nicht passiv, nicht hektisch und ungeduldig an den Blättern zupfend, sondern mit ganzem Herzen, ohne jede Zwanghaftigkeit und voller Freude am organischen, gesunden Wachsen.

Wenn man sich auf das Hier und Jetzt konzentriert, ist das ein bisschen wie Meditieren. Wenn Neugier geweckt werden kann, muss man gar nichts zusätzlich tun – die Neugierde zieht ganz von selbst die Aufmerksamkeit an. Wenn Wachstum der Weg ist, braucht es etwas mehr Anlauf-Energie. Wachstum ist kein für sich allein stehendes Ereignis in der Gegenwart, sondern ein Prozess, ein Vorgang. Und unsere Aufmerksamkeit auf einen Prozess zu richten, sind wir (im Westen) einfach nicht gewohnt. Das heißt aber nicht unbedingt, dass es prinzipiell schwer wäre.

Aufmerksamkeit auf den Prozess richten

Es ist ein bisschen so wie mit dem Schätzen von Umfang und Durchmesser. Es wird Ihnen sicher einigermaßen leichtfallen, den Durchmesser eines Baumes grob zu schätzen. Den Umfang aber können Sie höchstwahrscheinlich nicht annähernd so gut schätzen. Und das nicht etwa, weil das schwieriger wäre – eher im Gegenteil! Einen Umfang kann man sinnlich erfahren, beispielsweise indem man die Arme um den Baum legt. Mit dem Durchmesser geht das nur, wenn man den Baum umsägt. Woran liegt es also, dass wir den Durchmesser in der Regel besser schätzen können? Nur an unseren Gewohnheiten. In unserer Kultur herrschen gerade Linien und rechte Winkel vor. Wir sind es einfach nicht gewohnt, in Kurven zu denken.

Umfang und Durchmesser schätzen

Doch zurück zum Wachstum. Da ist es ähnlich. Wir sind es gewohnt, in Zeitpunkten, in Terminen zu denken, nicht in Zeiträumen. Beobachten Sie sich doch einmal, wenn Sie sich einen Prozess, wie beispielsweise das Aufwachsen eines Kindes, vorstellen. Aller Wahrscheinlichkeit nach werden Sie sich dabei eine Abfolge von Einzelbildern vorstellen – das Baby, den Schüler, den Jugendlichen, den Erwachsenen. In manchen Kulturen ist das anders. Inder kennen kein ungeduldiges Warten – eben weil sie eher in Zeiträumen als in Zeitpunkten denken. Die Vorstellung eines punktuellen Termins und das Einteilen der Zeit in diesen Zeitpunkt und »verlorene« Zeit davor erscheint den Menschen eher seltsam. Vielleicht sollten Sie sich öfter einmal klarmachen, dass Sie nie Zeit verlieren können. Immer findet das Leben statt. Die Zeit läuft immer weiter; nur was Sie in dieser Zeit fühlen – darauf kommt es an.

In Zeiträumen denken

Ich führe das hier so lange aus, weil es eben durchaus möglich ist, sich den Prozess »Wachstum« sinnlich und motivierend vorzustellen. Es erfordert nur ein wenig Übung und eine kleine Umstellung der Sichtweise.

Übung Wachstum

Machen Sie einen Strich auf ein Blatt Papier. Nun können Sie den Strich als eine Verbindung zwischen dem Anfangspunkt A und dem Endpunkt B sehen. Ebenso gut aber können Sie die Strecke AB, also den Strich als Ganzes, wahrnehmen. Und so etwa fühlt sich dann auch die Wahrnehmung von Wachstum an.

»Wachstum fördern« ist vielleicht einer der schwierigsten Wege. Doch ist er für manche Menschen genau der richtige. Bei Eltern, Lehrern, Ärzten und Unternehmern wäre er auf jeden Fall sehr sinnvoll. Die Wege, die ich hier vorstelle, sind aber natürlich keine anstrengenden Disziplinen, die man aus theoretischen oder moralischen Gründen durchhalten sollte. Das entscheidende Kriterium ist immer: Fühlen Sie sich wohl damit? Und gelingt es Ihnen, auf diesem Weg Ihre ganze Persönlichkeit in das einzubringen, was Sie tun?

Falls weder der Weg des Hier und Jetzt, der Neugierde oder des Wachstums der richtige war, ist es vielleicht der nächste, der nicht zufällig in der Mitte der 7 Wege steht.

4. Weg: Den Menschen in den Mittelpunkt stellen

Wir sind alle Menschen. Wir wissen, wie es ist, Mensch zu sein. Im Guten wie im Schlechten. Daher liegt es doch nahe, sich auf das zu konzentrieren, was wir nun einmal so gut kennen: das Menschliche.

Mensch nicht nur als Objekt sehen

Jemand, der mit Menschen zu tun hat und diese Menschen nicht in den Mittelpunkt seiner Aufmerksamkeit gestellt hat, wird sich wahrscheinlich nicht völlig wohlfühlen. Irgendwie fehlt die rechte Befriedigung. Und das ist nicht erstaunlich. Menschen können natürlich durchaus lästig werden: Sie beklagen sich, verstehen einen nicht und verhalten sich im Großen und Ganzen ziemlich unberechenbar. Und das können ja durchaus nachvollziehbare Gründe dafür sein, dass ein Lehrer oder Arzt eher sein Fachwissen, ein Personalleiter eher Fakten und Zeugnisse oder Eltern eher feste Prinzipien in den Mittelpunkt der Aufmerksamkeit stellen. Doch ist es mehr als wahrscheinlich, dass sie dabei am Wesentlichen vorbeigehen – und ich spreche jetzt ausdrücklich nicht von der ethischen Komponente. Natürlich sollte ein Arzt, ein Lehrer, ein Manager oder Vater die Menschen, die von ihm in gewisser Weise abhängig sind, nicht als bloße Objekte sehen. Aber mit dem »sollte« ist das ja so eine Sache – vieles in der Welt sollte wohl anders sein als es ist. Ist es aber nicht.

Den Menschen in den Mittelpunkt zu stellen, hat gewaltige Vorteile. Und zwar nicht nur für den Menschen, der in den Mittelpunkt gestellt wird – sondern gerade für denjenigen, der sich auf das Menschliche konzentriert. Die Menschen in den Mittelpunkt zu stellen, ist eine Art Königsweg zum »Alles Geben«. Menschen sind von Natur aus daraufhin angelegt, mit anderen Menschen in Verbindung zu treten. Ein Mindestmaß an menschlicher Nähe ist sogar so wichtig, dass Kinder, die gezwungen sind, zwischen menschlicher Wärme und Spielzeug zu wählen, eher auf das Spielzeug verzichten. Und auch für Erwachsene ist menschlicher Kontakt in der Regel eines der wichtigsten Bedürfnisse – und übrigens das einzige, das sich ein erwachsener Mensch nicht selbst erfüllen kann.

Der Mensch, ein Gemeinschaftswesen

Aristoteles nannte den Menschen »Gemeinschaftswesen«, der Gott der Bibel sagte, dass es nicht gut sei, dass der Mensch allein sei, und Knorkator sangen »und auch das größte Arschloch sehnt sich nach einem Liebsten und ist nicht gern allein …«. Wenn wir den Menschen zu unserem Zentrum der Achtsamkeit machen, können wir also kaum etwas falsch machen, aber viel sehr richtig, und wir können dabei sehr viel gewinnen. Unter anderem die wichtigsten Dinge: Zufriedenheit und Freude.

Nun gibt es ja Leute, die meinen, man sollte *alle* Menschen lieben. Das mag schon so sein und wäre bestimmt auch schön. Aber ob die, die die Botschaft der allumfassenden Liebe verbreiten, auch meinen Nachbarn kennen? Das ist natürlich nur ein Spaß! Meine Nachbarn sind alle sehr nett. Aber das Glück hat ja nicht jeder. Es gibt durchaus unangenehme Zeitgenossen. Und ob ich die wirklich alle lieben muss? Ich denke nicht. Aber selbst in dem übelsten Kerl noch das Menschliche zu erkennen, kann einem schon ein ganzes Stück Gelassenheit bringen. Anstatt sich aufzuregen oder gar zu hassen, wundert man sich höchstens, bedauert vielleicht ein wenig und kann ein bisschen Mitgefühl aufbringen.

Widerwillen überwinden

Das ist vor allem dann sehr wichtig, wenn man Menschen, die man eigentlich wenig liebenswert findet, nicht aus dem Weg gehen kann: Kunden, Kollegen, Vorgesetzten, Klienten und Verwandten. Es geht darum, dass *Sie* sich gut fühlen, damit *Sie* Ihr Potenzial ausschöpfen können, alles geben und alles erreichen können. Es ist ja ganz natürlich, wenn Sie bei der Begegnung mit manchen Menschen ein wenig Widerwillen erleben. Sehen Sie immer genau hin, wenn Sie so einen Widerwillen spüren: Tut es Ihnen gut, bringt es Sie in die Lage, Ihr Bestes zu geben, haben Sie das Gefühl voranzukommen? Ich glaube kaum. Eher werden Sie sich unwohl fühlen und eingeengt.

Probieren Sie doch einmal aus, wie sich Ihre Gefühle und Ihre Tatkraft verändern, wenn Sie den Widerwillen einfach loslassen und sich ganz auf den Menschen, der Ihnen gegenübersteht, konzentrieren. Egal wie sympathisch oder unsympathisch er auf den ersten Blick auch sein mag. »Einfach« ist einfach gesagt – in diesem Fall aber tatsächlich gar nicht schwierig. Ein paar Tricks können trotzdem ganz hilfreich sein:

Prämisse ändern

Der erste besteht darin, seine Prämisse zu ändern und sich zu sagen, dass jeder Mensch ein fühlendes Wesen mit Bedürfnissen ist – und dass unangenehmes Verhalten immer damit zusammenhängt, dass einer sich nicht wohl in seiner Haut fühlt. Das klingt so gutmenschlich, ist aber allemal sinnvoller und führt allemal weiter, als den anderen einfach als unveränderlichen, geborenen Idioten zu betrachten.

Zuhören

Der zweite Trick: zuhören! Hören Sie achtsam zu. Das wird eine gewaltige Veränderung mit sich bringen. Denn es ist sehr selten, dass einem jemand zuhört. Wie oft hört Ihnen beispielsweise jemand wirklich zu? In aller Regel ist es doch so: Wenn man auf einen einigermaßen höflichen Menschen trifft, kann man immerhin ausreden. Doch spürt man dabei fast immer, dass der andere nicht wirklich hört, was man sagt, sondern bereits beim Analysieren, Auswerten und Zurechtlegen der eigenen Antwort ist. Sie können das leicht bei sich selbst beobachten, wenn Sie mit jemandem sprechen. Während Ihr Gesprächspartner redet, herrscht dann aufmerksame Ruhe in Ihrem Geist? Oder sind Sie ganz damit beschäftigt, was Sie selbst denken und fühlen, was Sie selbst als Nächstes sagen möchten? Legen Sie sich schon Argumente oder Anekdoten zurecht, suchen Sie nach passenden eigenen Erlebnissen? Sehr wahrscheinlich tun Sie das. 99 Prozent aller Menschen tun das. Und Sie können das ganz leicht daran erkennen, dass sofort eine Antwort kommt, wenn Sie ausgesprochen haben. Aber wie sollte das möglich sein, wenn Ihr Gegenüber Ihnen wirklich zugehört hätte? Nach dem Hören bräuchte er doch ein wenig Zeit – und seien es, wenn er ein Schnelldenker ist, nur ein paar Sekunden –, um das, was Sie gesagt haben, zu reflektieren und eine sinnvolle Antwort zu finden. Doch da er, während Sie sprachen, schon an seinem eigenen Beitrag gefeilt hat, kommt seine Antwort, sobald Sie fertig sind. Bestenfalls. Oft schon lange vorher. Und Sie machen es – bisher – genauso.

Probieren Sie aus, was passiert, wenn Sie wirklich zuhören! Ihr Gegenüber wird positiv erstaunt sein, sich ernst genommen fühlen, über das sprechen, was ihn wirklich bewegt, freundlicher und offener sein und Ihnen eher eine positive Absicht unterstellen. Und er wird eher bereit sein, dann auch Ihnen zuzuhören. Das allein wird dem Gespräch – jedem Gespräch – eine ganz andere Qualität geben. Sie werden sich auch anders dabei fühlen: zufriedener, aktiver, weniger widerwillig und einflussreicher.

Nach positiver Absicht suchen

Und schließlich noch ein dritter Trick: Suchen Sie aktiv nach der positiven Absicht hinter dem Denken und Handeln der Menschen, mit denen Sie zu tun haben. So absurd Ihnen auch die Ansichten, so unakzeptabel Ihnen das Verhalten eines anderen Menschen erscheint – immer tut er nur das, was ihm selbst gut erscheint. Und es kann sehr aufschlussreich sein, herauszufinden, was das wirklich ist. Auf jeden Fall aufschlussreicher, als genervt zu sein.

Natürlich können und sollten Sie seine Sicht nicht übernehmen. Es geht nur darum, dass Sie überhaupt sehen können, was den anderen bewegt, und wie Sie einen Zugang zu ihm bekommen können. Nur dann können Sie Einfluss nehmen, etwas bewegen, etwas positiv verändern. Und nur dann können Sie Ihr ganzes Potenzial entfalten und sich dabei wohlfühlen.

Für wen der Weg sich eignet

»Den Menschen in den Mittelpunkt stellen« ist eigentlich immer eine gute Strategie. Es ist ein guter Weg, um sich wohlzufühlen und um alles zu geben. Selbst dann, wenn man gar nicht direkt auf Menschen trifft. Ein Programmierer, ein Schriftsteller, ein Komponist wird anders arbeiten, wenn er bei dem, was er tut, den Menschen in den Mittelpunkt stellt. Auch wenn andere Wege vielleicht noch wichtiger für ihn sind. Eltern, Lehrer, Verkäufer, Ärzte, Psychologen, Personalchefs – ohne diesen Weg in ihr Tun zu integrieren, werden sie nie Erfüllung in ihrer Arbeit finden und nie und nimmer alles geben können. Und dann auch herzlich wenig bekommen. Und für alle anderen, die auch, wenn vielleicht auch nicht hauptsächlich, mit Menschen Umgang haben, ist der Weg »Den Menschen in den Mittelpunkt stellen« auf jeden Fall eine gute Ergänzung.

Nun, wenn Sie Uhrmacher oder technischer Zeichner sind, werden Sie vielleicht dennoch lieber einen anderen Weg in den Vordergrund stellen – zum Beispiel den folgenden.

5. Weg: Etwas so gut wie möglich tun

Ist Perfektion möglich?

Etwas so gut wie möglich tun kann heißen: nach Perfektion streben. Perfektion ist eines dieser Wörter, die entweder auf völlige Zustimmung oder völlige Ablehnung stoßen. Vielleicht wird Ihnen bei der Idee, etwas vollkommen zu machen, ganz übel, Sie bekommen Kopfschmerzen und fühlen sich überfordert. Oder einen Lachkrampf. Denn: Was um alles in der Welt könnte denn vollkommen sein? Bestenfalls vollkommen unsinnig. Möglicherweise spricht Sie die Idee, etwas perfekt oder vollkommen zu machen, aber auch sehr an – in dieser so unvollkommenen Welt eine Insel der Perfektion zu schaffen, das hat schon etwas.

Wörter wie Perfektion oder Vollkommenheit sind allerdings vorbelastet. Wie steht es denn mit: »seine Sache so gut wie möglich machen«? Das löst wahrscheinlich weniger Widerwillen und auch keine überhöhten Ansprüche aus. Es trifft in mancherlei Hinsicht genau das, was ich mit »alles geben« meine. Hinzufügen müsste man allerdings noch »mit Freude«. Und darum ist der Weg der Perfektion doch eine ganz besondere Form des »Alles Gebens«: Es heißt nämlich, sein Augenmerk auf das Kleine, auf Details, auf Feinheiten richten. Das Kleine in den Mittelpunkt zu stellen, kann ein sehr befriedigender Weg sein, alles zu geben.

Achtsam in Kleinigkeiten

Einen Handwerker oder Arzt zum Beispiel kann die Achtsamkeit in Kleinigkeiten zur wahren Erfüllung im Tun führen. Und wie immer zieht die Erfüllung, die Freude am Tun, das Handeln aus ganzem Herzen, seine Kreise. Ich kenne einen Fahrradmechaniker, der wirklich daran interessiert ist, dass alles rund und reibungslos läuft. Er repariert nicht, er optimiert. Seit er sich meines schönen Fahrrads angenommen hat, fährt es sich noch besser. Und so etwas spricht sich natürlich herum. Viele meiner Freunde und Bekannten bringen ihre Räder inzwischen auch zu ihm.

Wann Perfektion schadet

Bei keinem der 7 Wege wird aber auch so deutlich, dass es Lebensbereiche gibt, die von einem bestimmten Weg weniger profitieren. Komisch eigentlich – etwas so gut wie möglich zu machen, wie kann das schlecht sein? Es kann. Immer dann, wenn es mehrere Aspekte gibt, die man im Auge behalten sollte, und immer dann, wenn man andere Menschen verändern müsste, um etwas so gut wie möglich zu machen. Oder auch, wenn ein Ergebnis gar nicht allein in der Hand des Ausführenden liegt. Für einen Psychotherapeuten oder einen Lehrer beispielsweise würde sich der Drang nach Perfektion wahrscheinlich genau in dem Perfektionismus verlieren, der vielen das Wort »perfekt« suspekt erscheinen lässt. Mir fällt dazu das Beispiel eines Lehrers ein, der Schönschrift unterrichtete. Eine kleine Abweichung der Buchstabenkurven von den drei Hilfslinien wurde mit Rotstift, Tadel und zusätzlicher Arbeit geahndet. Und das wirkte sich fatal auf meine Freude an der Schule aus. Auf so eine Art von Perfektion kann die Welt gut verzichten.

Inneren Frieden in Kleinigkeiten finden

Perfektion ist also weder Pedanterie noch Kleinkrämerei – sondern die Freude daran, etwas so gut zu tun, wie man kann, indem man auf Kleinigkeiten achtet. Kleinigkeiten wertzuschätzen und das, was man gerade tut, in kleinen Details so gut wie es nur geht zu machen, kann wie eine Meditation sein. Mit all ihren positiven Folgen: geistige Klarheit, innerer Friede und Gelassenheit. Diese Art von Meditation üben Zen-Mönche, wenn sie den Hof kehren, die Buddha-Statuen im Kloster polieren oder das Gemüse für die gemeinsame Mahlzeit putzen.

Vielleicht ist Ihnen aufgefallen, dass der Weg des Hier und Jetzt und der Weg der Perfektion einiges gemeinsam haben. Tatsächlich habe ich ein bisschen mit dem Gedanken gespielt, diese beiden Wege zusammenzufassen. Aber nur kurz. Es gibt nämlich einen wichtigen Unterschied: Wenn wir uns auf das Hier und Jetzt konzentrieren, vertiefen wir uns ganz in das Sein – gehen wir den Weg der Perfektion, vertiefen wir uns ganz ins Tun.

Und jetzt können Sie sich, wenn Sie mögen, einmal überlegen und vertiefen, was der Unterschied ist und welcher Weg Ihnen eher liegt. Oder ob es ein ganz anderer als die bisher genannten Wege ist…

6. Weg: Nach Schönheit streben

Schönheit, heißt es, liegt im Auge des Betrachters. Ganz genau. Und nur darauf kommt es an, wenn Schönheit der Weg werden soll, der es leicht macht, alles zu geben. Bei Schönheit denken Sie vielleicht erst einmal an irgendetwas, das mit Kunst zu tun hat. Und natürlich kann ein Maler, ein Bildhauer, ein Dichter sehr gut Schönheit zu seinem Weg machen. Doch man kann den Begriff viel weiter fassen. Schönheit kann auch Eleganz meinen, Anmut, Leichtigkeit, sogar Effektivität. Das wurde mir erst klar, als mir ein Freund von seinem Studentenjob als Gebäudereiniger erzählte:

Die Ästhetik des Gebäudereinigens

Robin meinte, ihm hätte der Job erstaunlicherweise ganz gut gefallen. Das war es aber nicht, was mich überraschte. Ich wusste ja schon, dass man in jedem Job Befriedigung finden kann, wenn man es schafft, alles zu geben. Ich hätte nur vermutet, dass der Weg des Hier und Jetzt oder der Perfektion besonders hilfreich dabei sein könnten. Doch Robin meinte, dass für ihn der Job etwas beinahe Ästhetisches hatte. Naja, Robin studierte an der Kunstakademie… Ich vermutete, dass er auf die Sauberkeit, die er durch seine Putzerei herstellte, anspielte – und fand es ein bisschen überzogen, dafür den Begriff Ästhetik oder Schönheit zu verwenden. Er stellte sich allerdings heraus, dass er das auch gar nicht meinte. »Man kann einen Wischmopp chaotisch oder elegant bewegen«, erläuterte er (freilich musste er dabei selbst grinsen). »Es ist etwas schwer zu erklären, wenn du das nicht selbst gemacht hast.« In der Tat musste ich passen. »Man kann einfach so hin und her wischen; aber man kann die Bewegung auch optimieren. Das hat dann fast etwas Tänzerisches – und es ist übrigens auch effektiver ...«

Schönheit in der Effektivität

Da war das Wort, das ich zunächst gar nicht mit Schönheit in Verbindung gebracht hätte – Effektivität. Aber es leuchtete mir sofort ein. Nun ist sicher nicht alles Schöne effektiv. Aber in jeder Effektivität liegt ein gewisses ästhetisches Element. Und um dieses Element geht es mir hier. Nicht Effektivität, um mehr Geld zu erwirtschaften oder um Arbeitskraft besser zu nutzen – sondern Effektivität als etwas, das unmittelbar zur Freude am Tun führt. (Das führt dann allerdings wiederum oft dazu, dass mehr Geld erwirtschaftet und die Arbeitskraft besser genutzt wird!) In fast alles, was man tut, kann man diese Effektivität einbringen.

Es gibt einen weiteren Aspekt von Schönheit, der eng mit dieser Art von Effektivität zusammenhängt: Leichtigkeit. In etwas, das zunächst schwerfällt oder lästig ist, Leichtigkeit zu bringen, ist nämlich eine ähnliche Form der Eleganz oder Schönheit wie Effektivität.

Leichtigkeit in der Kampfkunst

Diese Leichtigkeit war immer der Weg, den ich bei Kampfsportarten gegangen bin. In manchen Kampfkünsten kann man viel mit Kraft erreichen. Beispielsweise beim Judo. Doch die eigentliche Essenz der Kampfkunst ist es, nicht mit Kraft, sondern mit Leichtigkeit vorzugehen. Und das lag mir immer schon mehr, als pure Kraft einzusetzen – auch als ich noch weit davon entfernt war, mir über solche Dinge Gedanken zu machen. Als ich mit 12 Jahren an einem internationalen Judowettkampf teilnahm, bekam ich einen Sonderpokal – für den schönsten Kampf! Darüber freue ich mich noch heute.

Später wurden Aikido und Taiji meine Lieblingskampfkünste. Beide basieren darauf, dass man schöne, effektive, fließende Bewegungen macht und Krafteinsatz völlig zu vermeiden versucht. Einer meiner Aikidolehrer, Heinz Patt, meinte einmal, dass man Aikido dann am besten machen könne, wenn man völlig erschöpft sei – dann *kann* man nämlich keine Kraft mehr anwenden.

Leichtigkeit ist überall hilfreich

Das Prinzip der Leichtigkeit ist fast universell einsetzbar. Bei allen Sportarten, in der Kommunikation mit Menschen, bei der Büro- oder Hausarbeit, im Handwerk oder bei geistigen Arbeiten: Leichtigkeit ist meist ein sehr guter Wegweiser.

Doch um kein Missverständnis aufkommen zu lassen: Leichtigkeit und »es sich leicht machen« ist nur selten dasselbe. Wenn Sie es sich im Büro leicht machen, indem Sie nur das Notwendigste tun und vor allem darauf bedacht sind, nur nicht zu viel Arbeit zu haben, wenn Sie sich darum bemühen, *nicht* alles zu geben, ist das gerade nicht die Leichtigkeit, die Sie voranbringt. Es ist Stillstand, Rückschritt – und Langeweile.

Um noch einmal die Kampfsportartanalogie zu bemühen: Sie können es sich bei einem Boxkampf leicht machen, indem Sie beim ersten leichten Treffer umfallen und sich auszählen lassen. Okay, k.o. gehen ist, wenn Sie nicht boxen und nicht boxen wollen, eine gute Strategie. Aber nur dann. Und selbst dann wäre es wohl noch besser, gar nicht erst in den Ring zu steigen und das Boxen bleiben zu lassen.

Aus schwer mach leicht

Etwas mit Leichtigkeit zu tun, ist natürlich etwas ganz anderes – es ist eine Transformation, eine Veränderung von Schwierigem, Mühevollem oder Langweiligem und Ödem zu etwas Befriedigendem und Lustvollem, das einen weiterbringt. Wahre Leichtigkeit ist also ein Weg – einer der Wege –, die es erleichtern können, das, was Sie tun, mit ganzem Herzen und mit Freude zu tun, alles zu geben und noch mehr zurückzubekommen.

Ich bin mir sicher, es gibt einige Bereiche in Ihrem Leben, wo Ihnen dieser Weg helfen kann, Ihr ganzes Herz einzusetzen und Ihr ganzes Potenzial auszuspielen und zu entwickeln. Denn das Leben schön und leicht machen – das hat doch etwas!

7. Weg: Nach Sinn suchen

Menschen, die eine Mission haben, die überzeugt sind, etwas Sinnvolles zu tun, haben eine unglaubliche Energie. Sie geben alles – und erreichen mitunter Dinge, die ihre eigenen Vorstellungen noch weit übertreffen.

Beispiel Greenpeace

1971 hatten ein paar junge Leute in Kanada eine Idee: Der zunehmenden Zerstörung der natürlichen Lebensräume auf unserem wunderbaren Planeten müsste doch etwas entgegenzusetzen sein! Sie gründeten eine Organisation, die genau das zum Ziel hatte. Sie waren von ihrem Ziel überzeugt (auch wenn ihnen bewusst war, dass sie es wohl nie ganz verwirklichen würden) und ihre Begeisterung war ansteckend. Immer mehr Menschen schlossen sich ihnen an. Schon bald gab es Zweigstellen in vielen Ländern. Und allmählich begann sich tatsächlich das Bewusstsein sehr vieler Menschen zu verändern. Durch die Arbeit der Organisation wurde der kommerzielle Walfang beendet, viele Atombombentests ausgesetzt und Naturschutzgebiete in der Antarktis gegründet. Umweltparteien wurden gegründet und zogen in die Parlamente ein. Ein Grüner wurde Außenminister eines der wichtigsten Industrieländer. Heute hat Greenpeace über 5 Millionen Mitglieder in mehr als 150 Ländern. Das hätten sich die jungen Kanadier 1971 wohl kaum vorstellen können. Doch ihre Überzeugung, etwas wirklich Wichtiges und Sinnvolles zu tun, trug sie auf ihrem Weg weiter, als sie dachten.

Nicht groß, aber großartig

Einige andere Organisationen haben eine vergleichbare Geschichte und vergleichbare Erfolge, so zum Beispiel auch die SOS-Kinderdörfer, Terre des Hommes oder Amnesty International. Etwas Sinnvolles *muss* natürlich nicht etwas so Großes sein. Es genügt schon, wenn es etwas Großartiges ist. Wie beispielsweise eine glückliche Familie und eine gelungene Erziehung von Kindern. Die Gründung einer Firma, die etwas Sinnvolles produziert und Menschen menschenwürdige Arbeit gibt. Eine Tätigkeit als ehrenamtlicher Mitarbeiter einer karitativen Organisation. Die spirituelle Entwicklung der eigenen Persönlichkeit. Die Arbeit als Lehrer und, und, und …

Was für Sie sinnvoll ist, bestimmen nur Sie. Oder besser gesagt: Nur Sie finden heraus, was für Sie mit Sinn erfüllt ist. Wenn Sie sich auf die Suche nach Sinn begeben, werden Sie wahrscheinlich schneller fündig, wenn Sie nicht nach eigenen Vorlieben und Vorteilen Ausschau halten. Das ist nicht etwa eine moralische Forderung – nur ein Erfahrungswert. Das eigene Ich gibt in der Regel einfach nicht genug her, um wirklich Sinn zu stiften. Das Sinnvolle will sich ausdehnen. Das kann die Familie sein, der Freundeskreis, eine Gemeinschaft, die Menschheit – oder sogar noch mehr.

Religion als Sinnstifter

Deshalb sind Religionen und religionsähnliche Philosophien (wie beispielsweise der Buddhismus) die größten Sinnstifter. Und zwar seit es Menschen gibt. Denn die Suche nach Sinn in der kurzen Zeit zwischen Geburt und Vergehen steckt ganz tief im Menschen. Und in dieser Suche steckt eine enorme Kraft – die leider fast immer ungenutzt bleibt. Nur ein kleiner Prozentsatz der Menschen bezeichnet sich als völlig areligiös. Und selbst in dieser kleinen Gruppe finden sich nur ganz wenige, die nicht einer religionsähnlichen Weltsicht verpflichtet sind. Alles prima, könnte man glauben. Einem tieferen Sinn zu folgen, macht es leicht, alles zu geben – und da fast alle Menschen theoretisch einer sinngebenden Weltsicht folgen, sollten eigentlich fast alle Menschen in der Lage sein, alles zu geben.

Wie Sie sicherlich bemerken, ist es aber nun eben nicht so. Die Energie, die die Suche nach Sinn mobilisieren kann, bleibt bei den allermeisten Menschen völlig ungenutzt. Wenn wir genau hinsehen, wird auch klar, warum. Es ist nämlich – wie immer – der *Weg*, der wichtig ist. Die wirkliche Kraft des Sinnvollen kann sich nur in der eigenen Suche danach oder im Bemühen um die Verwirklichung entfalten. Die Überzeugung, dass es Gott gibt, beruhigt viele Menschen. Aber wirkliche Kraft schöpfen nur diejenigen aus ihrer Religion, die aktiv nach Gott suchen oder aktiv die spirituellen Lehren verwirklichen. Man könnte sagen: Nicht Gott ist wichtig, sondern die Suche nach Gott.

Wenn Sie also, ganz weit gefasst, religiös sind, können Sie sich gratulieren: Sie tragen eine der größten Kraftquellen in sich. Nutzen Sie das! Welche Verschwendung wäre es, an Gott zu glauben und dann nicht diese Urquelle des Sinngebenden aufzusuchen, sondern seine Zeit mit Unwesentlichem zu vertun!

Jetzt haben wir das Sinnvolle aber auf eine sehr hohe Ebene gehoben. Doch findet sich Sinn natürlich auch im Kleinsten. Solange *Sie* Sinn sehen in dem, was Sie tun, haben Sie die Möglichkeit, diesen Sinn ganz in den Mittelpunkt zu stellen und daraus Kraft zu schöpfen. Und dann werden Sie alles geben – nicht aus Pflicht, sondern aus der inneren Überzeugung heraus, genau das Richtige zu tun. Dann tun Sie, was Sie tun, mit ganzem Herzen und werden dadurch mehr erreichen, als Sie zunächst denken. Doch das, was Sie bekommen, wird dann eher nebensächlich – denn Sie haben ja bereits eines der besten Dinge, die Sie bekommen können: das Gefühl der Erfüllung, das aus für Sie sinnvollem Handeln erwächst.

Sinn findet sich auch im Kleinsten

7=1

Selbst wenn Ihnen Mathe in der Schule ein Gräuel war, wird Ihnen die Gleichung 7=1 merkwürdig vorkommen. Zum Glück geht es hier aber auch gar nicht um Mathematik. Was ich sagen will, ist einfach: Im Grunde sind die 7 Wege eins. So etwa, wie die sechs Seiten eines Würfels eins sind. Keiner der 7 Wege ist besser als die anderen – nur eben für einen bestimmten Menschen in einer bestimmten Situation hilfreicher. So wie es bei Backgammon nicht prinzipiell besser ist, wenn Sie eine Sechs würfeln statt einer Eins. Oder einen Sechser-Pasch statt einer Eins und einer Zwei. Es kommt völlig auf die Situation an.

Im Gegensatz zu einem Würfelspiel können Sie im Spiel des Lebens allerdings wählen, wie die Würfel fallen. Sie können sich zwar Ihre Situationen oder die Züge Ihrer Spielpartner nicht aussuchen, aber Sie können Ihre eigenen Würfel immer so werfen, dass sie Sie am besten voranbringen. Wäre das beim Backgammon so, würden Sie immer gewinnen.

Die 7 Wege sind Ausdruck *einer* Idee: Wenn es Ihnen gelingt, Ihren Geist auf einen Aspekt Ihres Tuns zu richten, der Ihre Gefühle positiv anspricht, dann wird das Mühevolle, Anstrengende, Langweilige verschwinden. Und wenn die negativen Aspekte des Tuns verschwunden sind, bleiben die positiven. Dann wird es Ihnen nicht nur leichtfallen, alles zu geben – Sie werden kaum anders können, denn das Positive wirkt wie ein Magnet!

7 Wege als Ausdruck einer Idee

Den Weg finden

Ausprobieren!

Im Grunde könnte ich dieses Kapitel mit einem Wort abhaken: ausprobieren! Der Verleger meinte allerdings, dass das Kapitel dann zu kurz wäre. Und tatsächlich gibt es ja doch etwas mehr zu sagen. Das Wichtigste: Wenn etwas nicht funktioniert, probieren Sie etwas anderes!

Aus gewohnten Mustern ausbrechen

Das sollte eigentlich selbstverständlich sein – und doch missachten die meisten Menschen diese einleuchtende Regel. Wir neigen dazu, alte, gewohnte Muster immer wieder zu wiederholen. Selbst dann, wenn sie sich als völlig unbrauchbar erwiesen haben. Merkwürdig! Aber menschlich. Das Gewohnte hat eine enorme Kraft, die meist sogar stärker ist als das Gute. Wenn Sie rauchen, wenn Sie öfter mal cholerisch reagieren, wenn Sie unzufrieden mit Ihrer Arbeit, Ihrer Ehe oder gar Ihrem Leben sind, wissen Sie vielleicht, was ich meine. Möglicherweise wollen Sie etwas ändern, nehmen es sich immer wieder vor, aber werden ebenso oft wieder wie von einem Magneten in die alten Bahnen zurückgezogen. Das Blöde ist, dass das Ganze in der Regel völlig unbewusst geschieht. Der erste Schritt zur Veränderung ist also, sich die erste Veränderungsregel immer wieder wie ein Mantra vorzusagen:

> Wenn etwas nicht funktioniert, probiere etwas anderes!

Den 1. Weg finden

Probieren Sie, wie es sich anfühlt, sich ganz auf den gegenwärtigen Moment zu konzentrieren. Lassen Sie auftauchende Gedanken über die Vergangenheit oder Zukunft, Reflexionen über Befindlichkeiten und Wünsche widerstandslos vorüberziehen und wieder abtauchen. Es kann sein, dass Ihnen das schwerfällt, Ihnen nicht zusagt oder Ihrer Tätigkeit nicht angemessen ist.

Den 2. Weg finden

Dann probieren Sie, die Neugierde und das Staunen über das, was Sie tun, in sich zu wecken. Erforschen Sie mit wachem Geist, wie alles zusammenhängt. Staunen Sie über die immer neuen Verzweigungen und Zusammenhänge, die sich Ihnen dabei offenbaren. Im Grunde ist alles interessant, da alles mit allem verbunden ist. Werden Sie zum Forscher! Aber vielleicht ist Ihnen auch das nicht interessant genug oder fällt Ihnen schwer.

Den 3. Weg finden

Dann versuchen Sie, sich auf den Wachstumsaspekt Ihres Tuns zu konzentrieren. Erfreuen Sie sich an der Befriedigung, etwas wachsen zu sehen und dieses Wachstum zu fördern: Kinder, Pflanzen, Ihre Beziehung, Ihre spirituelle Entwicklung, Ihre Firma usw. Sehen Sie sich als Ausgangspunkt und Mitte des organischen Wachstums. Das geht natürlich nicht immer und erfordert ein Zurücktreten vom Augenblick – der Blick muss sich weiten und den Prozess des Wachstums in den Mittelpunkt stellen. Auch das könnte Ihnen schwerfallen.

Den 4. Weg finden

Dann versuchen Sie, die Menschen, mit denen Sie zu tun haben, in den Mittelpunkt zu stellen. Kaum etwas ist so befriedigend, wie seine Mitmenschen immer besser verstehen zu können, die Kommunikation zu vertiefen und selbst daran zu wachsen. Dieser Weg ist so vielseitig, dass Sie auch innerhalb dieses Weges immer im Auge behalten können: Wenn etwas nicht funktioniert, probiere etwas anderes! Vielleicht liegt Ihnen aber auch dieser Weg nicht ganz. (Oder nicht immer.)

Den 5. Weg finden

Dann probieren Sie doch einmal, ob es Ihnen nicht tiefe Befriedigung verschaffen kann, wenn Sie das, was Sie tun, mit ganzem Herzen so gut wie möglich zu tun versuchen. Machen Sie sich dabei keinen Stress, sondern behalten Sie stets im Auge, dass es um das Streben nach Perfektion oder Vollkommenheit geht – nicht um das Erreichen eines Ideals! Aber vielleicht erleben Sie darin keine Befriedigung, sondern eher Frustration.

Den 6. Weg finden

Dann probieren Sie, wie es ist, Schönheit, Effektivität, Eleganz und Leichtigkeit in das zu bringen, was Sie tun. Was auch immer Sie tun: Es geht bestimmt schöner, müheloser, effektiver – experimentieren Sie ein wenig. Sie werden Leichtigkeit sofort bemerken, wenn sie da ist – es fühlt sich einfach besser an! Und dann wird es immer schöner, leichter, eleganter, effektiver, müheloser, alles zu geben – und alles zu bekommen. Aber vielleicht klappt auch das nicht oder sind Sie völlig ratlos.

Den 7. Weg finden

Dann versuchen Sie, ob Ihnen vielleicht das Sinnvolle Antrieb gibt. Sind Sie gläubig, berauschen Sie sich an der Freude, ein wichtiger Teil von Gottes Plan zu sein. Daran, dass Gott seine schützende Hand über Sie hält und ein gütiges Auge auf Sie richtet, daran, dass alles, was geschieht, einen tiefen Sinn hat und Sie eine wichtige Aufgabe erfüllen. Und auch außerhalb der Religion können Sie die tiefe Befriedigung erfahren, die Ihnen sinnvolles Tun gibt. Die Liebe in Ihrer Beziehung zu kultivieren, Ihren Kindern eine wertvolle Zukunft zu geben, eine Firma aufzubauen oder eine wichtige Idee voranzubringen … es gibt unendlich viel Sinnvolles!

Einen ganz eigenen Weg finden

Vielleicht ist es auch das nicht. Dann probieren Sie etwas ganz anderes. Ich habe mich zwar bemüht, aber sicher nicht *alle* möglichen Wege gefunden. Oder auch einfach nicht die richtigen Worte. Lassen Sie sich davon nicht beirren! Natürlich gibt es auch für Sie den richtigen Weg, der Ihnen Freude und Befriedigung an dem verschafft, was Sie tun, der es Ihnen leicht macht, alles, vor allem Ihr ganzes Herz zu geben – und viel viel mehr zu bekommen.

Probieren Sie es aus. Und wenn etwas nicht funktioniert … Sie wissen es ja mittlerweile: Dann probieren Sie etwas anderes!

Den Weg gehen

Sind Sie erst einmal auf dem Weg, alles zu geben, werden Sie sich fragen, warum Sie das nicht schon lange gemacht haben. Ihr Leben wird erfüllter und befriedigender sein. Immer nur 100 Prozent positiv ist allerdings manchmal zu wenig – denn es entspricht nicht der Realität des Lebens. Das heißt natürlich nicht, dass wir jetzt eine Wendung zum Negativen brauchen. Nur falls die Brille zu rosarot geworden ist, sollten wir mal ein wenig die Tönung herausnehmen.

Veränderung kommt nicht von selbst

Alles zu geben ist ohne Wenn und Aber eine wunderbare Sache. Und ich zweifle nicht im Mindesten daran, dass Sie dadurch mehr Freude und Befriedigung in Ihr Leben bringen können. Und ich bin auch völlig überzeugt davon, dass Ihnen dadurch weitere positive Veränderungen möglich sind. Nur ist mir auch bewusst, dass die ersten Schritte zur Veränderung nicht so leicht sind, wie man eigentlich annehmen sollte, wenn man um die vielen positiven, angenehmen Folgen weiß. Eigentlich sollte alles wie von selbst gehen. Tut es aber kurioserweise nicht.

Initialenergie

Veränderung braucht immer eine Initialenergie. Und die aufzubringen, kann manchmal ganz schön schwerfallen. Einmal ginge ja noch – man reißt sich zusammen, überwindet sich, rafft sich auf und hofft, dass es damit getan ist. Aber obwohl nach dem Aufraffen, Überwinden und Zusammenreißen zunächst wirklich alles besser läuft, braucht es am nächsten Tag schon wieder eine Anschubenergie. Und am nächsten Tag wieder. Und wieder. Und wieder. Die Initialenergie nimmt dabei immer mehr ab; dies geschieht aber oft so langsam, dass man es gar nicht bemerkt und schon vorher aufgibt. Dann ist man vielleicht sogar schon überzeugt davon, dass alles Quatsch war und das Ganze nicht wirklich funktioniert. Oder gar, dass man selbst irgendwie nicht gut genug sei.

Es gibt einen Umschaltpunkt: Irgendwann wird die Freude an dem, was man tut, größer als die nötige Anfangsenergie. Doch das passiert eben nicht am ersten Tag. Oder am zweiten. Und außerdem ist es Schwankungen unterworfen – psychologischen, biologischen und biochemischen. Aber zieht man alle diese Schwankungen ab, tritt ein stetiges Wachstum zutage.

Fliegen lernen

Haben Sie einmal einen Dokumentarfilm über die ersten Flugversuche der Menschheit gesehen? Zuerst hüpften die Fluggeräte nur ein paar Meter. Dann machten sie mehrere Hopser – und die Phasen der Berührung mit der Erde wurden immer kürzer und die Flugstrecken immer länger. Dann viel länger. Und heute nehmen riesige Maschinen einen kurzen Anlauf und fliegen dann Tausende Kilometer weit.

Auch Sie können »fliegen«. Aber erstmal müssen Sie es lernen – und dann üben. Und: Reißen Sie sich nicht zusammen, überwinden Sie sich nicht, raffen Sie sich nicht auf. Experimentieren Sie stattdessen, probieren Sie herum, versuchen Sie das Ganze im Auge zu behalten. Und setzen Sie ruhig öfter mal die rosarote Brille auf. Solange Sie wissen, dass Sie sie aufhaben, macht das gar nichts. Es ist nicht wirklich schwierig, alles zu geben, sobald man spürt, wie bereichernd das ist. Anfangs scheint es manchmal schwierig. Diese Phase lassen Sie aber schnell hinter sich, wenn Sie sich bewusst machen, dass die Alternative wäre, einfach so weiterzumachen wie bisher.

Und ganz leicht geht es, wenn es Ihnen gelingt, zwei Kräfte zu kultivieren und dadurch eine fast übermenschlich starke dritte Kraft zu entwickeln: Ausdauer und Geduld, die schließlich zur Gewohnheit werden.

Ausdauer

Wie viel Zeit braucht Veränderung?

Veränderung dauert. Nun, nicht jede Veränderung. Ein Wechsel der Perspektive, ein Aha-Erlebnis, ein einschneidendes Ereignis können das Leben manchmal in kürzester Zeit verändern. Richard Bandler, einer der Begründer des Neurolinguistischen Programmierens (NLP), hat sogar einmal behauptet, dass Veränderungen *immer* in kürzester Zeit stattfinden. Das hat dazu geführt, dass manche begeisterten NLP-Anhänger und Motivationstrainer behaupten, Depressionen, Ängste oder negative Denk- und Verhaltensmuster mit den richtigen Psychotechniken innerhalb von Minuten auflösen zu können – sozusagen mit psychologischen Zaubertricks. Wie jede Zauberei gründet auch diese Psychomagie auf Illusion. Und wer Illusionen mit echter Magie verwechselt, ordnet die Realität seinem Wunschdenken unter und wird früher oder später ent-täuscht.

Nun ist Bandler sicher kein Dummkopf. Ich kann zwar nicht in seinen Kopf hineinsehen, aber ich glaube, er hat zwei Dinge gemeint, als er sagte, dass Veränderung immer von einem Moment auf den anderen stattfindet. Das erste könnte Motivation sein: Wer nur fest genug daran glaubt, eine Veränderung in kürzester Zeit herbeiführen zu können, ist erst einmal stärker motiviert, als wenn er weiß, dass es eine Weile dauern wird. Ich halte diese Art von Motivation allerdings für etwas gefährlich – wenn es nicht sofort klappt, ist die Enttäuschung umso größer.

Vielleicht aber hat Bandler vor allem eines gemeint, dem ich voll und ganz zustimmen kann: In gewisser Weise findet Veränderung tatsächlich von einem Moment auf den anderen statt – dann nämlich, wenn der Umschaltpunkt, von dem ich im vorigen Kapitel gesprochen habe, erreicht ist. Dann, wenn die Energie, die notwendig ist, um ein neues Verhalten, ein neues Denk- oder Gefühlsmuster zu aktivieren, kleiner wird als die Energie, die einen zu diesem neuen Muster hinzieht – dann »gewinnt« das neue Muster.

Neues Muster ersetzt altes

Das ist der Punkt, an dem die wirkliche Veränderung stattfindet. Plötzlich wird das mühevolle Klavier-Üben zum lustvollen Klavier-Spielen. Mit einem Mal wird der Drang, aus dem Bett zu springen und ein paar Kilometer zu laufen, größer als die Kraft, die es braucht, um aus den Federn zu kommen. Von einem Tag auf den anderen wird es zur Selbstverständlichkeit, alles zu geben. Sie kennen diese Momente. Aber vielleicht liegen sie schon so weit zurück, dass Sie sich nicht mehr richtig daran erinnern können. Oder wissen Sie noch, wie mühevoll es war, die ersten Wörter zu lesen oder gar zu schreiben? Wie Sie Radfahren oder Schwimmen gelernt haben?

Wenn das Alte fremd wird

Ein Anzeichen wirklicher Veränderung ist, dass man sich nur schwer daran erinnern kann, wie es vor der Veränderung war. Das Alte ist einem fremd geworden. Man kann es vielleicht noch intellektuell nachvollziehen, aber kaum noch emotional. Versuchen Sie nur einmal, sich vorzustellen, Sie könnten nicht lesen. Das ist beinahe so schwierig, wie sich vorzustellen, dass man nicht existiert.

Veränderung braucht Zeit – aber sie findet von einem Moment auf den anderen statt.

Das klingt absurd. Es wird aber mit einem einfachen Bild ganz klar: Stellen Sie sich vor, Sie wollen auf die andere Seite eines Berges. Sie wandern nach oben und es ist mühsam. Und immer noch geht es weiter bergauf. Doch schließlich erreichen Sie die Kuppe – und nun hat sich alles verändert. Die Schwerkraft zieht Sie nun auf die andere Seite. Sobald Sie den Wendepunkt erreicht haben, kostet es mehr Mühe umzukehren, als voranzugehen!

Es ist übrigens auch mit der Intuition so. Es gibt Menschen, die glauben, man müsse nichts wissen und können, denn die Intuition sei viel stärker als der analytische Verstand. Ja, die Intuition ist stärker – aber sie kann erst ab einem bestimmten Wendepunkt tätig werden. Ohne die Beschäftigung mit einem Gegenstand (und zwar intensive Beschäftigung, bei der man alles gibt!) ist Intuition vollkommen hilflos.

Wissenschaftliche Entdeckungen

Große wissenschaftliche Entdeckungen kamen nicht durch lange Analysen zustande, sondern gründeten fast immer (!) auf einen Moment der Intuition. Doch die Intuition stand eben nie im luftleeren Raum, sondern integrierte die vielen, zuvor unzusammenhängenden Fakten auf eine neue Art und Weise – der Umschaltpunkt war erreicht! So kam Newton zu seinem Gravitationsgesetz, Einstein zur Relativitätstheorie oder Mendelejew zum Periodensystem der Elemente.

Inspiration in der Kunst

In der Kunst gibt es diese Umschaltung ebenso. Dort nennt man sie Inspiration. Auch die bedarf natürlich der vorausgegangenen, intensiven Beschäftigung mit dem Gegenstand. Kein Buchhalter, der sich nebenbei für Kunst interessierte, wachte je eines Morgens auf und schuf ein Meisterwerk.

Spirituelle Erleuchtung

Die Umschaltung im spirituellen Bereich nennt man Erleuchtung – und auch diese Erleuchtungserfahrungen treten zwar von einem Moment auf den anderen auf, aber natürlich ebenfalls nur dann, wenn man sich bereits lange mit dem Gegenstand befasst hat – scheinbar, ohne einen Schritt voranzukommen. Und dann kommt es »plötzlich« zur Erleuchtung.

Wenn Sie einmal in ganz kleinem Rahmen erfahren wollen, wie so eine Erleuchtung, Inspiration, oder Intuition, so ein Umschalten sich anfühlt, machen Sie doch einmal den folgenden Versuch. Wenn Sie das »Rätsel« bereits kennen, versuchen Sie, sich noch einmal in den Moment zurückzuversetzen, wo Sie es das erste Mal lösten.

Übung Umschalten

Verbinden Sie die neun Punkte in der Zeichnung auf der nächsten Seite mit vier geraden, zusammenhängenden Linien.

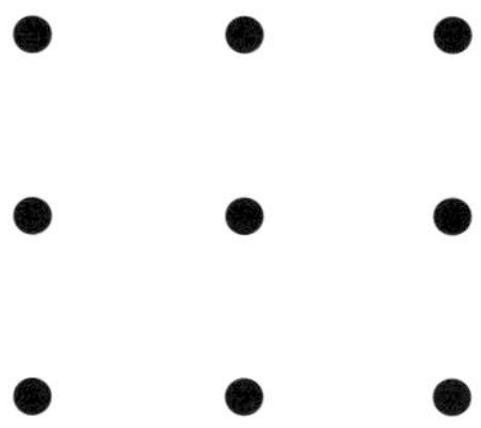

Meist läuft das so: Zuversichtlich probiert man herum, dann erkennt man die Schwierigkeit, dann hält man es beinahe für unmöglich, vielleicht gibt man sogar auf. Aber dann, ganz plötzlich, mit einem Mal, steht einem die Lösung vor Augen und das Interessante daran ist, dass die vorhergegangene Arbeit nicht Schritt für Schritt zur Lösung geführt hat – aber ohne die vorige Arbeit hätte die Erleuchtung nicht stattgefunden! (Wenn Sie aufgeben, bevor Sie selbst die Lösung finden, und nicht glauben, dass es möglich ist: Sehen Sie auf Seite 101 nach.)

Ich hoffe, Sie haben nicht ganz aus den Augen verloren, dass es um Ausdauer geht! Es dauert oft ein wenig, bis Veränderungen sich festsetzen und bis der Umschaltpunkt erreicht ist. Lassen Sie sich also nicht entmutigen, halten Sie aus!

Geduld

Geduld heißt Ruhe bewahren

Geduld ist nicht ganz dasselbe wie Ausdauer. Während Ausdauer aktiv ist und »dranbleiben« bedeutet, heißt Geduld »Ruhe bewahren«. Und das ist ebenso wichtig wie Ausdauer. Geduld heißt, das Machen-Wollen loszulassen und zu vertrauen, dass der Umschaltpunkt irgendwann kommt.

Ein guter Gärtner kümmert sich ständig um seine Pflanzen. Er muss sie wässern und düngen, auf Schädlingsbefall achten und Unkraut jäten. Er braucht also Ausdauer. Ebenso aber braucht er Geduld – er muss der Natur ihren Lauf lassen. Wenn er anfängt, an den Blättern zu ziehen, damit sie gefälligst schneller wachsen mögen, wird das nichts. Und diese Geduld brauchen auch Sie, wenn Sie Ihr Leben positiv verändern wollen. Das Wesentliche tun – aber auch das Unwesentliche lassen.

Lernprozesse brauchen Zeit

Ich bin leider ziemlich ungeduldig. Aber im Laufe der Jahre habe ich festgestellt, dass Ungeduld nicht nur nichts bringt, sondern beinahe immer schädlich ist. Lernprozesse dauern – immer! Neuronale Verbindungen müssen wachsen – und das dauert nun einmal ein bisschen. Mit Willenskraft kann man das nicht beschleunigen. Aber durchaus verlangsamen.

Die 7 Wege sind gute Ankerpunkte für die Aufmerksamkeit. Wenn Sie ungeduldig werden, führen Sie Ihre Aufmerksamkeit auf den zentralen Aspekt zurück: auf das Hier und Jetzt, auf die Neugier, auf den Wachstumsprozess, auf die Menschen, auf Perfektion, auf die Schönheit oder das sinnvolle Tun.

Bei einem Weg bleiben

Sowohl zur Ausdauer als auch zur Geduld gehört übrigens auch, bei *einem* Weg zu bleiben. Scheint Ihnen das im Widerspruch zu dem zu stehen, was ich zuvor gesagt habe? Stimmt. Tatsächlich können Sie mehrere, ja vielleicht sogar alle Wege einsetzen, um Ihr Leben zu bereichern und um das, was Sie tun, mit ganzem Herzen tun zu können und alles zu geben. Doch in verschiedenen Situationen!

Wenn Sie beispielsweise als technischer Zeichner arbeiten und Sie sich auf den gegenwärtigen Moment, auf das Hier und Jetzt konzentrieren, ist es wenig hilfreich, die Aufmerksamkeit, wenn sie abdriftet, auf einen *neuen* Mittelpunkt, beispielsweise Effektivität oder Sinn, auszurichten. Lassen Sie Ihre Achtsamkeit wieder zum Hier und Jetzt zurückkehren; nur so kommen Sie dem Umschaltpunkt näher und werden immer häufiger Flow erleben. Doch wenn Sie von der Arbeit nach Hause zu Ihrer Familie kommen, dann ist es möglicherweise durchaus sinnvoll, einen anderen Weg zu wählen – zum Beispiel, die Menschen in den Mittelpunkt zu stellen. Oder Wachstum und Kommunikation. Beim Sport ist vielleicht wieder ein anderer Weg der beste.

Ist Ihnen jetzt klar, wie beides stimmen kann? Wie Sie alle Wege in Ihrem Leben nutzen können und dass Sie doch in einer Situation bei einem bleiben sollten? Kultivieren Sie also neben der Ausdauer (Sie bleiben dabei und stellen einen Wert in den Mittelpunkt Ihres Tuns) auch die Geduld (und geben dem Wachstum Raum, anstatt ständig etwas Neues machen zu wollen). Mit ein wenig Ausdauer und Geduld findet, vielleicht ohne dass Sie es bemerken, ein Transformationsprozess statt. Und schließlich kommt der Umschaltpunkt. Das neue Verhalten ist zu einer Gewohnheit geworden.

So einen Umschaltpunkt kennen Sie ja – er ist aufgetreten, als Sie die Lösung für das Neun-Punkte-Problem gefunden haben. Hier ist sie:

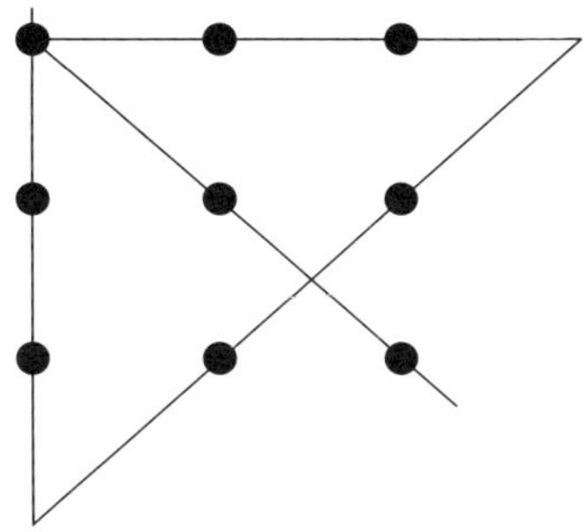

Gewohnheit

Gewohnheit ist wie Schwerkraft

Willenskraft, gute Vorsätze, selbst das Schöne, Gute und Lustvolle – all das muss gegenüber Gewohnheiten kapitulieren. Es ist ein bisschen wie mit der Schwerkraft. Wir können Weltmeister im Hochsprung sein, Flugmaschinen konstruieren oder Raketen – letztlich holt uns die Schwerkraft wieder herunter (oder zieht uns zumindest in eine Umlaufbahn). Und das ist auch gut so. Denn die Schwerkraft ist die Kraft, die alles zusammenhält. Ohne sie würden Planeten nicht um die Sonne kreisen, der Mond nicht um die Erde, wir verlören den Halt – aber natürlich würden wir und das Universum, wie wir es kennen, ohne Schwerkraft erst gar nicht existieren.

Neue Gewohnheiten aufbauen

Auch ohne Gewohnheiten könnten wir nicht leben. Gewohnheiten sind das automatisierte Handeln, das unsere Persönlichkeit zusammenhält. Ohne Gewohnheiten hätten wir gar keine Persönlichkeit. Das bedeutet auch, dass Gewohnheiten extrem schwer zu ändern sind – und es heißt, dass, wenn es uns doch gelingt, eine Gewohnheit zu überwinden, wir eine stabile Veränderung herbeigeführt haben. Das gelingt nur dann, wenn wir eine neue Gewohnheit aufbauen. Und die Mittel, die wir dafür brauchen, sind Ausdauer und Geduld.

Diese beiden Kräfte können wir aber nur mobilisieren, wenn wir entweder eine enorme Energie einsetzen oder natürliche Kräfte nutzen. Wir können beispielsweise die Gewohnheit Rauchen mit gewaltiger Willenskraft überwinden – oder innere Bilder, lustvolle Alternativen, innere Persönlichkeiten und attraktive Ziele als natürliche Hilfsmittel nutzen, die uns allmählich zu einer neuen Gewohnheit führen.

Masse in Bewegung

Wenn eine Masse erst einmal in Bewegung ist, ist es schwierig, ihre Bewegung aufzuhalten. Je schwerer die Masse und je höher die Geschwindigkeit, desto schwieriger ist es. Ein Auto mit gelöster Handbremse können wir, wenn es zu rollen beginnt, noch relativ leicht mit unserer Körperkraft zum Stillstand bringen, obwohl es sehr viel schwerer ist als wir. Rollt es langsam, können es ein paar starke Männer vielleicht noch aufhalten. Aber bereits dann, wenn es lediglich mit Schrittgeschwindigkeit rollt, kann man es kaum noch mit Körperkraft allein von einem Moment auf den anderen zum Stillstand bringen. Und »schleicht« es mit Tempo 30, sollte man es lieber gar nicht erst versuchen. Was man nun aber selbst bei höherer Geschwindigkeit tun kann, ist, die Richtung zu verändern. Um am Lenkrad zu drehen, braucht es nur wenig Kraft. Man kann die schnelle, schwere Masse mit wenig Kraftaufwand möglicherweise sogar auf eine aufwärtsführende Strecke lenken und sie schließlich ohne Anstrengung zum Stillstand bringen.

Gewohnheit als bewegte Masse

Lassen Sie uns das mal ins Psychologische übersetzen. Die bewegte Masse ist die Gewohnheit. Das Gewicht ist die Stärke der Gewohnheit und die Geschwindigkeit die Dauer. Eine erst seit Kurzem bestehende Gewohnheit ist leicht zu verändern. Wenn die Gewohnheit etwas länger besteht, aber schwach ist, geht es auch noch. Doch je länger eine Gewohnheit besteht (und sei es auch nur eine schwache) und je stärker sie ist, desto schwieriger wird es – bis es irgendwann unmöglich ist, die Gewohnheit mit Willenskraft zu ändern. Immer ist es jedoch möglich, die Richtung zu ändern; dazu braucht man wesentlich weniger Willenskraft.

Die Gewohnheit zu rauchen, die Gewohnheit, vor dem Fernseher Schokolade und Chips in sich hineinzustopfen, die Gewohnheit, auf Sticheleien heftig und aggressiv zu reagieren … all diese Gewohnheiten sind schwer zu durchbrechen. Das ist ja auch kein Wunder. Nur ein Teil unserer Persönlichkeit will das Rauchen, Snacken, aggressiv Reagieren aufgeben – für andere Teile unserer Persönlichkeit sind diese Verhaltensweisen angenehm, lustvoll und gut. Mit Willenskraft dagegen anzukämpfen ist nicht sehr vielversprechend. Es läuft immer darauf hinaus, dass wir einem Teil unserer Persönlichkeit Gewalt antun.

Der Genießer in uns wird alles in seiner Macht Stehende tun, wenn der bewusste Teil der Persönlichkeit ihm die Zigarette, die Schokolade oder die Chips einfach wegnehmen will. Um das Lenkrad unserer Psyche zu drehen und unserem Verhalten eine andere Richtung zu geben, muss man zunächst einmal wissen, wo das Lenkrad sitzt. Man muss an der richtigen Stelle drehen – ein Auto verändert ja auch nicht seine Richtung, wenn wir den Scheibenwischer einschalten. Und die richtige Stelle ist immer das Angenehme, das Lustvolle und Befriedigende.

Das zu finden, kann manchmal ganz schön schwierig sein. Und es ist auch klar, dass der Ersatz zunächst nicht so befriedigend sein kann wie das Original – also zum Beispiel Zigarette, Schokolade oder Chips. Fände man sofort einen lustvollen Ersatz, könnte man die Gewohnheit sofort ändern: Es bedarf keinerlei Anstrengung, um von Billigschokolade auf feinste Pralinen umzusteigen …

Das Drehen am Lenkrad selbst erfordert nur wenig Kraft – man sollte nur vermeiden, das Steuer mit einem Mal herumreißen zu wollen. Langsam, dauerhaft und an der richtigen Stelle anzusetzen, verändert Gewohnheiten. Mit Ausdauer und Geduld kann man also eine neue Gewohnheit einüben.

Beispiel: Atemübung statt Zigarette

Eine Freundin von mir hat sich das Rauchen mit Yoga-Atemübungen abgewöhnt. Und zwar genau nach dem Prinzip, das ich gerade theoretisch beschrieben habe. Sie bot ihrem »inneren Genießer« eine Atemübung für eine Zigarette an. Das ist nicht ganz so abwegig, wenn man schon einmal solche Atemübungen gemacht hat – denn die können tatsächlich durch die Sauerstoffanflutung so etwas wie einen kleinen – und gesunden! – Rausch herbeiführen. Aber dennoch ist klar: Konsumieren ist erst einmal weniger anstrengend. Der Drang, zur Zigaret-

tenschachtel zu greifen, war noch eine Weile vorhanden. Christina blieb jedoch ausdauernd dabei und hatte auch Nachsicht und Geduld mit dem Drängen des »inneren Genießers«. Mit Ausdauer, Geduld und kleinen Tricks gelang es ihr nach zwei Monaten, mit dem Rauchen völlig aufzuhören.

Zwei dieser Tricks erwiesen sich als besonders effektiv. Erst einmal machte sie sich einen Aufkleber für die Zigarettenschachtel, damit sie sich stets daran erinnerte, ihre neue Gewohnheit einzuüben. Und später machte sie mit ihrem Genießer aus, noch eine Zigarette am Tag zu rauchen – Vereinbarung: eine *Zigarette nach dem Abendessen.*

Ich glaube, diese Vereinbarung hat das meiste gebracht. Dem inneren Genießer wurde seine Gewohnheit nicht einfach weggenommen – und dadurch verschwand der Widerstand. Und es hatte noch einen anderen Vorteil: Sie erlebte die Umschaltung ganz bewusst. Christina erzählte mir ganz begeistert, dass sie den 14. Dezember rot im Kalender angestrichen hätte. Denn das war der Tag, an dem sie plötzlich überhaupt keine Lust mehr auf eine Zigarette hatte. Das lustvolle Gefühl beim Rauchen war weg! Ihr innerer Genießer hatte mehr Lust auf eine Atemübung. Die alte Gewohnheit war einer neuen gewichen. Nun war sie allerdings »süchtig« nach Atemübungen – aber wir waren uns völlig einig, dass sie einen sehr vorteilhaften Tausch gemacht hatte.

So weit ist das ja schon eine Erfolgsgeschichte. Doch es ging noch weiter: Ein Jahr später veröffentlichte sie mit einem indischen Autor ein großes Buch über Atemtechniken des Yoga.

Eine Gewohnheit ist schwer zu ändern. Und das ist ein riesiger Vorteil – wenn man eine gute Gewohnheit aufgebaut hat. Darum ging es mir hier eigentlich. Alles zu geben ist eine solche gute Gewohnheit. Wenn Sie mit ein wenig Ausdauer und Geduld diese Gewohnheit etabliert haben, werden Sie sich, wenn Sie zurückblicken, wundern, warum Sie es früher anders gemacht haben. Ich glaube, es wird für Sie nicht mehr wirklich nachvollziehbar sein. Welche Freude und Befriedigung könnten denn im halbherzigen Tun stecken?

Teil III

Alles bekommen

Arbeitszeit, Freizeit, Lebenszeit

Was bekomme ich?

Ich kann mir vorstellen, wie Sie sagen: »Ja was denn – ich dachte, ich könnte alles bekommen! Aber bisher habe ich nur erfahren, wie ich mich auf das, was ich tue, am besten konzentrieren kann, und dass ich alles geben soll … und was springt dabei für mich heraus?«

Obwohl ich Ihre Frage gut verstehen kann, führt sie leider in die Irre. Sie stellt sich nur dann, wenn man über das »Alles Geben« liest, aber es noch nicht tut. Natürlich möchte ich Ihnen trotzdem gerne eine Antwort geben – aber ich befürchte, dass sie ebenso irreführend ausfällt. Weil sie zu einfach klingt: Wenn Sie alles geben und das, was Sie tun, mit ganzem Herzen tun, bekommen Sie alles, was Sie möchten. Und das wiederum läuft darauf hinaus, dass Sie Zufriedenheit und ein erfüllteres Leben bekommen.

»Und was ist mit der Villa, dem Ferrari, dem Traumpartner, Geld und Ehre?« Nun, wenn das nötig ist, damit Sie zufrieden, erfüllt und glücklich sind, auch das. In den nächsten Kapiteln sehen wir uns einmal an, was in den unterschiedlichsten Lebensbereichen passieren kann, wenn man alles gibt.

Arbeit als Teil unseres Lebens

Warum eigentlich trennen wir die Arbeitszeit von dem Rest unserer Zeit ab? Ist Arbeitszeit denn etwas qualitativ anderes? Klar, in der Arbeitszeit verdienen wir Geld, das wir zum Leben brauchen. Doch das sollte die Freude an der Arbeit ja eher noch vergrößern. Wenn uns das, was wir in unserer Arbeit tun, Spaß macht, sinnvoll ist, wir neugierig auf das sind, was wir dabei lernen können, wenn es uns erweitert und bereichert, ist Arbeit ohnehin ein wunderbarer Teil unseres Lebens.

Die Aufteilung unseres Lebens in Arbeitszeit und Freizeit ist eine ziemlich unselige Trennung. Dass wir für unsere Arbeit Geld bekommen, wird oft nicht als angenehme Nebenwirkung betrachtet, sondern sozusagen als Entschädigung für unsere Zeit, in der wir eigentlich etwas Besseres zu tun hätten. Dass diese Einstellung nicht gerade positiv für die Motivation ist, kann man sich leicht ausrechnen.

Arbeit mit ganzem Herzen tun

Wenn Sie Ihre Arbeit jedoch so begreifen, dass Sie dabei nichts aufgeben und nicht ausgebeutet werden, sondern etwas für sich selbst tun, wird es schon viel leichter, alles zu geben. Und wenn Sie Ihre Arbeit mit ganzem Herzen tun, wenn Sie alles geben – dann führt ja kaum ein Weg daran vorbei, dass Sie sie besser tun, als wenn Ihre einzige Motivation darin besteht, Geld für die notwendige Erholung vom Stress zu bekommen und Ihre arbeitsfreie Zeit zu überleben.

Sind Sie mit ganzem Herzen bei dem, was Sie tun, wird Stress zur spannenden Aufgabe und Langeweile verschwindet, indem Sie Ihre Aufgaben interessanter gestalten. Denn dann verbinden Sie mit Ihrer Arbeit positive Ziele: Sie verbringen Ihre Zeit mit einer angenehmen, erfüllenden, erweiternden Tätigkeit. Sie fühlen sich gut bei dem, was Sie tun, und bekommen dafür auch noch so angenehme Dinge wie Geld, Anerkennung, menschliche Kontakte oder Status. Und Sie lernen ständig dazu.

Wenn Sie an Ihre Arbeit denken, sollten Sie dabei ein angenehmes Gefühl im Bauch haben: »Wie gut ist es, dass ich diese Arbeit tun kann!«

Arbeit – die Hälfte unseres Lebens

Wenn Sie beim Gedanken an Arbeit eher unangenehme Gefühle haben, wird es höchste Zeit, etwas grundlegend zu verändern – denn immerhin verbringen Sie mit der Arbeit etwa die Hälfte Ihres Lebens. Sie können es sich eigentlich gar nicht leisten, diese Zeit zu verschwenden. Sie können es sich gar nicht leisten, sich die Hälfte Ihres Lebens unwohl zu fühlen. Wenn Sie sich in Ihrer Arbeit unwohl fühlen, betrifft das ja sogar mehr als die Hälfte Ihres Lebens, denn dann werden Sie auch die Zeit außerhalb der Arbeit nicht wirklich genießen können: Am nächsten Tag, oder nach dem Wochenende, oder nach dem Urlaub »droht« ja wieder die Arbeit.

Damit wollen Sie sich doch nicht wirklich abfinden? Warum sollten Sie nicht morgens aufwachen und sich auf die Arbeit freuen? Das ist ja nichts Unnormales – es ist eigentlich eine Selbstverständlichkeit.

Geld, Anerkennung, Status

Wenn Sie in Ihrer Arbeit alles geben, wenn Sie Ihre Arbeit mit ganzem Herzen tun, bekommen Sie viel mehr als Geld. Die Chancen stehen sehr gut, dass Sie *auch* mehr Geld bekommen – weil Sie die

Arbeit, die Sie mit ganzem Herzen tun, mit größter Wahrscheinlichkeit nicht nur lieber, sondern auch viel besser tun können. Wenn Sie Ihre Arbeit lieben, wird sie Ihnen auch mehr Anerkennung und Status einbringen. Geld, Anerkennung und Status bekommen Sie zwar möglicherweise auch, wenn Sie sich richtig quälen. Aber warum sollten Sie? Vor allem, da Sie ja, wenn Sie in der Arbeit alles geben, noch viel mehr bekommen: Lebensfreude, Erfüllung und Zufriedenheit.

Experimentieren Sie in Ihrer Arbeit mit den 7 Wegen, die es Ihnen erleichtern, alles zu geben.

Entscheidend ist nur, dass das »Alles Geben« und die 7 Wege, die dort hinführen – Hier und Jetzt, Neugier, Sinn, Mitmenschlichkeit, Perfektion, Wachstum und Schönheit – nichts Zusätzliches, nichts Anstrengendes, nichts Theoretisches oder Moralisches sind: Es geht nur darum, dass Sie morgens aufwachen und sich auf Ihren Tag freuen, kurz: Ihr Leben jederzeit genießen.

Froschkönig und Märchenprinzessin

Liebe und Verliebtsein

Jeder Mensch sehnt sich danach, geliebt zu werden. Und viele glauben, dass von der richtigen Partnerwahl das Glück abhängt. In einer kurzen Anfangsphase sind die meisten Menschen auch bereit, alles zu geben, vor allem ihr Herz, aber auch fast alles andere. Das ist jedoch ein Ausnahmezustand. Alle Hormone wollen nur das Eine. Verliebtheit ist aber noch nicht Liebe. Liebe ist kein Zustand, sondern eine Tätigkeit – gemeinsames Wachsen und die Freude am immer tieferen Kennenlernen des Partners.

Liebe und Selbstliebe

In einer Beziehung kann man nur dann glücklich sein, wenn man mit sich selbst zufrieden ist. Eine Bestsellerautorin stellte sogar die Theorie auf, dass es egal sei, wen man heiratet, wenn man nur sich selbst liebt. Wenn ich auch nicht meine, dass es wirklich ganz egal ist, wen man liebt oder heiratet, auch wenn man sich selbst sehr gut leiden kann, stimmt es jedoch umgekehrt ganz sicher: Wenn man sich selbst *nicht* mag, kann man auch keine glückliche Beziehung haben. Und wann mag man sich nicht selbst? Wenn man nicht zufrieden ist mit dem, was man ist und tut, wenn man halbherzig und unerfüllt lebt.

Für eine Beziehung ist also wichtig: Erstens, dass man an sich selbst »arbeitet«, erfüllt und zufrieden ist. Und zweitens, dass man in der Beziehung alles gibt: und das heißt vor allem Achtsamkeit. In einer glücklichen Beziehung müssen beide Partner etwas geben. Obwohl beide etwas, im besten Fall alles, geben, gibt es kaum etwas so Bereicherndes wie eine tiefe Liebesbeziehung.

Die 7 Wege in der Liebe

Die 7 Wege sind auch in der Liebe hilfreich, damit es gelingt, im Alltag die Liebe nicht aus den Augen zu verlieren.

- »Im Hier und Jetzt« ist fast immer ein guter Weg – in der Beziehung hilft er, die Liebe wirklich bewusst, in jedem Augenblick, neu zu erleben.
- »Der Neugierde folgen« heißt, das Interesse am Partner nicht zu verlieren und immer wieder Neues zu entdecken.
- »Wachstum fördern« ist ja immer der abstrakteste und damit vielleicht der schwierigste der 7 Wege. Doch das gemeinsame Wachsen in einer Beziehung ist keineswegs abstrakt, sondern etwas, das die Lebendigkeit der Liebe am besten fördert.
- »Den Menschen in den Mittelpunkt stellen« ist in einer Beziehung unverzichtbar – dieser Weg wird also immer Teil einer tiefen Liebe sein. Am wichtigsten ist vielleicht der Aspekt Kommunikation, das Bemühen um Verstehen und Verstandenwerden.
- Perfektion scheint erst einmal nicht besonders mit Liebe zu harmonieren – in einer Beziehung etwas »so gut wie möglich« zu machen, führt wohl meist eher in die Irre. Aber es ist nicht völlig abwegig: Etwas so gut wie möglich in der Beziehung zu machen, kann auch bedeuteten, die Achtsamkeit für die Kleinigkeiten im Alltag zu bewahren.
- Auf Schönheit in der Liebe zu achten, kann heißen, seine Achtsamkeit auf die Leichtigkeit zu richten – Krisen und Probleme mit Humor und in Harmonie zu lösen.
- Das Sinnvolle kann zur Leitlinie einer Partnerschaft werden, wenn ein höheres Ziel, eine Vision, existiert, die die Liebe in den Mittelpunkt stellt.

Familienbande

Die heile Familie ist selten. Doch die meisten Menschen sehnen sich danach. Ein geliebter und liebender Partner und ebensolche Kinder – das kann wunderbar sein; eine Lebensgemeinschaft mit mehreren Generationen, wo der eine vom anderen lernt und seinen Horizont erweitert, scheint für viele Menschen, gerade in einer Gesellschaft, die durch und durch materialistisch ist, fast wie das Paradies.

Gibt es die heile Familie?

Die hohen Erwartungen machen es wie so oft nicht gerade einfacher. Daher ist es viel besser, alles zu geben, als viel zu erwarten. Das heißt erst einmal, wie schon bei Beziehungen, mit sich selbst im Reinen zu sein. Und wie bei Beziehungen gilt auch, dass das allein noch nicht reicht.

Die 7 Wege in der Familie

- »Im Hier und Jetzt sein« ist vor allem beim Zusammensein mit den Kindern ideal: Das ist sowohl für Sie als auch für Ihre Kinder bereichernd – wirklich in dem Moment mit ganzem Herzen bei ihnen zu sein, nicht mit anderen Dingen, nicht einmal mit der Elternrolle, beschäftigt zu sein.
- »Der Neugierde folgen« ist wohl der Weg, von dem Sie gemeinsam mit Ihren Kindern am meisten profitieren. Lassen Sie sich von dem gewaltigen Wissensdurst Ihrer Kinder anstecken!
- »Wachstum fördern« ist hier am wenigsten abstrakt: Das geistige, seelische und körperliche Wachstum Ihrer Kinder in den Mittelpunkt Ihrer Aufmerksamkeit zu stellen, ist sicherlich etwas, das Sie als Eltern ohnehin schon bis zu einem gewissen Grad tun – tun Sie es hundertprozentig mit ganzem Herzen, und Sie können sicher sein, viel mehr zurückzubekommen.
- »Den Menschen in den Mittelpunkt stellen« ist natürlich unverzichtbar für eine Familie. Kinder sind Menschen, die neben ihren besonderen Bedürfnissen auch das Bedürfnis jedes Menschen haben: als eigenständige Person ernst genommen zu werden. Und ich muss ja wohl kaum ausführen, welche Rolle eine gute Kommunikation für das Familienglück spielt.
- Perfektion als Forderung an die Kinder, den Partner oder sich selbst ist fast immer katastrophal. Doch das »So gut wie möglich machen« als ein Leitziel, das Ihnen immer wieder die Wich-

tigkeit des Elternseins, die (freudvolle) Verantwortung und die weitreichenden Konsequenzen Ihres Tuns vor Augen hält, ist auch in diesem Kontext äußerst wertvoll.

- Schönheit in der Familie zeigt sich im harmonischen, stressfreien, von gegenseitiger Liebe und Respekt getragenem Umgang miteinander. Wenn diese Schönheit oder Leichtigkeit Ihr Weg im Bereich Familie ist, richten Sie Ihr Augenmerk automatisch auf zentrale Aspekte Ihres Familienlebens.
- Das Sinnvolle als Weg zu gehen, ist nicht immer ganz leicht – doch die Familie ist ein Lebensbereich, in dem dieser Weg sehr gut funktionieren kann. Die Familie ist ja bereits etwas, das über das bloße Ich hinausweist. Das ist schon einmal ein Faktor, der zu Ihrem Lebensglück enorm beitragen kann.

Im Tempel des Selbst

Erkenne dich selbst!

Über dem Eingang des delphischen Orakels stand: Erkenne dich selbst! Das ist vielleicht der beste Rat, den man überhaupt geben kann. Wer sich selbst wirklich kennt, weiß um seine Stärken, seine Möglichkeiten, und kennt die Aspekte seiner Persönlichkeit, in denen die größten Entwicklungsmöglichkeiten liegen. Er weiß, wie er sich am besten motiviert, alles zu geben.

Deshalb ist es so wertvoll, gerade bei der Selbstentwicklung alles zu geben. In keinem Bereich sind die Chancen, sehr viel mehr zu bekommen, als man gibt, größer. Denn die Quelle von Glück, Zufriedenheit und ungewöhnlichen Leistungen liegt nicht außen, sondern im Tempel des Selbst.

Die inneren Persönlichkeiten

Meine favorisierte Methode der Selbsterforschung ist die Kommunikation mit den inneren Persönlichkeiten. Ich bin ja schon ein paarmal darauf zu sprechen gekommen; doch möglicherweise ist Ihnen noch nicht ganz bewusst, welche Kraft darin steckt, seine unterschiedlichen Motive, Erinnerungen, Assoziationen, Gefühle, die als Ihre inneren Persönlichkeiten betrachtet werden können, kennenzulernen und die Kommunikation zwischen den unterschiedlichen Teilen Ihres Selbst zu fördern.

Die meisten psychologischen Schulen gehen von einem Ich aus, das mehr oder weniger fest steht und von einem geheimnisvollen Unterbewussten subtil beeinflusst wird. Wir wollen jetzt gar nicht untersuchen, ob das falsch oder richtig ist – es geht nur darum, ob es unser inneres Wachstum und Problemlösungen unterstützt. Und das ist eben bei der herkömmlichen Sichtweise nicht so sehr der Fall.

Selbsterkenntnis ist kein Selbstzweck

Selbsterfahrung und Selbsterkenntnis sind kein Selbstzweck. Oder sollten es nicht sein. Zumindest nicht in dem Sinne, dass man eine Nabelschau betreibt, allem, was man je erlebt hat, und jedem, der nicht lieb zu einem war, Schuld zuschreibt oder nach angeblichen Ursachen für ineffektive Verhaltens-, Denk- und Gefühlsmuster sucht.

Das ist ja ein weit verbreitetes Missverständnis: dass es einfache Gründe gäbe und, noch irreführender, dass die Kenntnis dieser Gründe irgendeine Verbesserung bewirken könnte. Wenn Ihr Autoreifen einen Platten hat, kämen Sie aber sicher auch nicht auf die Idee, lange nachzuforschen, wo genau das Loch in den Reifen gekommen ist – und erst recht würden Sie wohl kaum dem Wahn verfallen, dass, wenn Sie es denn mühevoll herausfänden, der Reifen plötzlich wieder dicht wäre. Dass ein Mensch selbstverständlich viel mehr ist als ein Reifen und dass man einen Menschen nicht einfach, wie einen Reifen, flicken kann, heißt ja nicht, dass dann offensichtlicher Unsinn aus geheimnisvollen Gründen plötzlich sinnvoll wäre. Die Sichtweise, die innere Persönlichkeiten als Ansprechpartner für innere Kommunikation und Selbsterfahrung betrachtet, ist einfach effektiver.

Alles geben bei der Selbsterkenntnis und der Entfaltung des inneren Potenzials heißt: sich ganz sich selbst gegenüber öffnen, die Augen nicht vor unangenehmen Wahrheiten verschließen und sich selbst – einschließlich der Stimmen seiner inneren Persönlichkeiten – ernst zu nehmen.

Und bei dem Unternehmen »Selbsterfahrung« können wir, wie bei allen anderen Tätigkeiten, die 7 Wege einsetzen. Wahrscheinlich

Die 7 Wege in der Selbsterfahrung

werden Sie nicht dieselbe Strategie einsetzen wie in Ihrer Arbeit. Doch prinzipiell gibt es dieselben Möglichkeiten:

- »Im Hier und Jetzt sein« heißt bei der Selbsterforschung, dass Sie ganz bei sich selbst sind und wahrnehmen, was in Ihnen vorgeht, ohne zu bewerten oder zu urteilen.
- »Der Neugierde folgen« ist eine sehr motivierende Strategie zur Selbsterforschung. Denn was ist wohl spannender, als das eigene Innenleben und das Entdecken der Möglichkeiten, die in Ihnen stecken?
- »Wachstum fördern« ins Zentrum der Aufmerksamkeit zu stellen ist schwieriger, aber richtet Sie gut auf ein Ziel aus.
- »Den Menschen in den Mittelpunkt stellen« als Weg ist ideal, wenn Sie mit Ihren inneren Persönlichkeiten in Verbindung treten. Denn dabei ist, obwohl Sie ja »nur« mit sich selbst sprechen, das Gefühl für das Menschliche am wichtigsten.
- Der Weg der Leichtigkeit kann oft ideal sein, wenn es Ihnen schwerfällt, sich auf andere lustvolle Aspekte der Selbsterfahrung einzulassen.
- »Etwas so gut wie möglich tun«, funktioniert auch – wenn Sie sich von Zwanghaftigkeit und Leistungsdenken frei machen. Dieser Weg ist vor allem dann sinnvoll, wenn Sie sich mit spirituellen Übungswegen wie Yoga oder Taiji befassen.
- Und »Die Suche nach Sinn« in den Mittelpunkt zu stellen, ist bei der Suche nach Sinn natürlich prima – wenn es nicht beim Abstrakten bleibt, sondern wenn es Ihnen gelingt, den Sinn in dem, was Sie tun, wirklich zu fühlen.

Experimentieren Sie. Und wenn etwas nicht so gut klappt, probieren Sie etwas anderes.

Äußere Entfaltung

Die Wirkung auf die Welt

Sich selbst verstehen und seine Welt dadurch zu bereichern, dass man sich selbst mit allen Stärken und Schwächen kennt, ist so ziemlich das Beste, was man tun kann. Aber das kann ja nun nicht heißen, dass man sich nur noch mit sich selbst beschäftigen sollte. Die innere Entwicklung sollte mit einer äußeren Entfaltung einhergehen. Aber was heißt eigentlich »sollte«? Nein, wenn sich das Innere verändert, wird sich das natürlich *immer* auch im Außen zeigen. Außen heißt: die Wirkung auf die Welt, Ansehen, Status und materieller Wohlstand.

Inzwischen dürfte ja klar sein, dass das Lebensglück und die Zufriedenheit von diesen Faktoren kaum abhängig sind. Ich vermute allerdings, dass Sie dennoch gern mindestens ein kleines bisschen mehr Wohlstand, Ansehen und Status hätten. Das ist ja auch völlig okay – solange Sie Ihr Denken, Fühlen und Handeln nicht davon abhängig machen.

Sie wollen etwas besitzen? Kein Problem. Aber Sie wollen doch wohl nicht besessen sein? Das aber passiert immer dann, wenn das Herz an den materiellen Dingen hängt. Dann beherrschen uns diese Dinge, anstatt dem Glück und der Zufriedenheit zu dienen.

Materieller Erfolg als Nebenwirkung

Kann man nicht dennoch, wenn man es denn unbedingt will, alles geben und dabei Geld, Macht und Ruhm bekommen? Natürlich ist das möglich. Aber nicht dadurch, dass man von Geld besessen ist. Wenn Sie sich einmal materiell sehr erfolgreiche Menschen ansehen, werden Sie finden, dass das Geld, der Ruhm, die Macht niemals direkt das Ziel waren, sondern mehr oder weniger gewollte Nebenwirkungen des eigentlichen Tuns. Bill Gates, der Gründer von Microsoft, ist einer der reichsten Menschen der Welt – doch dass er so ein riesiges Vermögen hat, liegt nicht an seinem großen Interesse für Dollarnoten, sondern an seiner Vision und an seiner begeisterten Umsetzung seiner Vision. Im Übrigen hat er über sieben Milliarden Dollar seines Vermögens gespendet und will über 90 Prozent seines Vermögens wohltätigen Zwecken zuführen. Die ersten Astronauten genossen natürlich ihren Ruhm – aber keiner nahm die Strapazen der Ausbildung auf sich, um berühmt zu werden. Sie hatten eine Vision und suchten das Abenteuer. Wenn man ein Ziel begeistert verfolgt, hat das immer Auswirkungen, mit denen man nicht unbedingt gerechnet hat – und ein Ziel wegen der Nebenwirkungen zu verfolgen, ist völlig absurd. Um einmal ein ganz alltägliches Beispiel zu nehmen: Natürlich trägt jedes geborene Kind dazu bei, unser Sozialsystem am Laufen zu halten – doch es gibt wohl kaum Eltern, die sich Kinder vor allem wünschen, damit das Steueraufkommen der Zukunft nicht sinkt und ihre Rente sicher ist. (Und gäbe es solche Eltern, sollte man ihnen wohl besser die Kinder wegnehmen.)

Wahrer Erfolg ist Lebenszufriedenheit

Was ich Ihnen damit sagen will? Nun, ganz einfach: Dass Sie sich materielle Dinge oder Status wünschen, ist völlig in Ordnung. Der beste Weg dorthin ist aber nicht, diese Dinge ins Zentrum des Bewusstseins zu stellen, sondern sie eher nebenbei »anzuziehen«. Und genau das geschieht, wenn Sie die Dinge, die Sie tun, mit ganzem Herzen tun, wenn Sie sie gut und mit Freude tun. Tun Sie, was Sie tun, gut und mit Freude, werden Sie Zufriedenheit und Befriedigung erfahren. Sind Sie zufrieden und eins mit sich selbst, steigt Ihre Energie, die Ihnen zur Verfügung steht – Sie können und wollen noch mehr geben. Wie kann es da ausbleiben, dass Sie mit dem, was Sie tun, erfolgreich sind? Wie intensiv sich der Erfolg dann materiell manifestiert, hängt nur noch vom Umfeld ab.

> Wahrer Erfolg ist immer Lebenszufriedenheit und Erfüllung. Die Nebenwirkungen Geld, Ruhm, Macht, Status hängen davon ab, ob Ihre konkrete Tätigkeit diese Dinge wie ein Strudel anzieht.

Manager oder Altenpfleger?

Ob Sie Altenpfleger oder Manager in einer großen Firma sind, ist für den wahren Erfolg, das Lebensglück, völlig egal. Beide Tätigkeiten geben Ihnen alles, was Sie sich wünschen, wenn Sie alles geben. Nur die Nebenwirkungen unterscheiden sich. Wenn Sie also äußere Erfolgsmerkmale als sehr wichtig in Ihrem Leben betrachten, sollten Sie sie dennoch nicht in den Mittelpunkt stellen. Machen Sie sich bewusst, dass Sie all diese Dinge erreichen werden – wenn Sie alles geben. Und um wirklich Ihr ganzes Herz geben zu können, sollten Sie sich auf etwas ausrichten, das Ihre ganze Persönlichkeit betrifft. Alles, was wichtig dafür ist, dass die Nebenwirkungen auftreten, ist, dass Sie alles geben – und dass Ihr Job solche Nebenwirkungen wie Geld oder Ruhm beinhaltet. Das wird natürlich beim Manager eher der Fall sein als beim Altenpfleger.

Es ist ein bisschen wie mit einem Urlaub. Sie können, wenn Ihnen das wichtig ist, einen braunen Teint bekommen. Entscheidend dafür ist nicht, dass Sie eine dunkle Hauttönung wollen, sondern nur, dass Sie nicht in New Yorker Museen oder am Nordkap Ihren Urlaub verbringen, sondern dort, wo intensiv die Sonne scheint. Damit es jedoch überhaupt ein Urlaub, eine Zeit der Erholung wird, ist etwas anderes wichtig: nämlich dass Sie Freude dabei haben. Und der eine hat eben Freude an Norwegen, ein anderer an Hawaii. An beiden Orten kann man Freude und Spaß haben, etwas Interessantes erleben und die Auszeit genießen. Nur die Nebenwirkungen sind unterschiedlich.

Die 9 Glücksfallen

Alles geben macht glücklich. Aber wenn man glücklich ist, fällt es auch viel leichter, alles zu geben. Also sehen wir uns doch einmal an, welche Dinge unserem Lebensglück oft im Weg stehen.

Falle 1: Enttäuschte Erwartungen

Erwartungen schaffen erstmal Freude. Es gibt kaum eine größere Freude als die Vorfreude. Doch wenn wir etwas Angenehmes nur fest genug erwarten, vergleichen wir das Angenehme nicht mehr mit der Realität, sondern mit der Erwartung. Und da die Realität nur selten mit unseren Erwartungen mithalten kann, wird dann oft etwas eigentlich Angenehmes zur Enttäuschung.

Wenn Angenehmes zur Enttäuschung wird

Psychologen haben Sportler untersucht und dabei herausgefunden, dass Bronzemedaillengewinner glücklicher sind als Silbermedaillengewinner. Und das hängt damit zusammen, mit was sie sich vergleichen: Während der Bronzemedaillengewinner überglücklich ist, nicht Vierter zu sein und überhaupt eine Medaille gewonnen zu haben, grämt sich der Silbermedailleneroberer, dass es nicht Gold geworden ist. Und schon hat er sich selbst eine Falle gestellt.

Wahrscheinlich geht es Ihnen nicht sosehr um Medaillen. Aber auch Sie können nicht anders, als sich mit anderen Menschen zu vergleichen. Und garantiert überschätzen Sie dabei die Folgen äußerer Ereignisse. Das ist ganz wichtig, wenn Sie sich Ziele setzen: Die Wirkung von etwas, das man erreicht hat, wird nämlich systematisch überschätzt. Vor allem dann, wenn es um materielle Dinge geht.

Glück ist relativ

Wahrscheinlich würden Sie annehmen, dass es kaum unterschiedlichere Glücksgefühle gibt, als wenn man Lottogewinner mit Menschen vergleicht, die gerade einen Unfall hatten und querschnittsgelähmt sind. Genau das wurde untersucht – und es stellte sich etwas ganz Erstaunliches heraus: Die Wirkung auf die Stimmung hielt nur ein paar Wochen an. Klar, zuerst waren die Lottokönige superglücklich und die Unfallopfer am Boden zerstört. Doch nach ein paar Wochen pegelten sich die Zufriedenheitslevels wieder auf den Zustand vor dem Ereignis ein. Diejenigen, die vor dem Ereignis überdurchschnittlich schlechter Stimmung waren, waren es dann auch wieder. Die überdurchschnittlich Glücklichen auch. Und zwar egal, ob es sich um die Lottokönige oder die Querschnittsgelähmten handelte. Vermeiden Sie also die Erwartungsfalle, indem Sie die Folgen äußerer Veränderungen nicht überschätzen und ganz allgemein Erwartungen klein halten.

Falle 2: Selbsttäuschung

Auch unser Befinden ist relativ

Wir täuschen uns ständig selbst. Das ist ja keine große Neuigkeit. Doch es ist schon erstaunlich, wie wir uns sogar über unser Befinden täuschen. Man sollte doch annehmen, dass man wenigstens weiß, wie man sich fühlt, wenn man schon sonst wenig weiß. Tatsächlich aber ist unser Befinden völlig relativ. Wir vergleichen unser Glücksgefühl mit unseren Gewohnheiten.

Beispiel: Lehrer und das Glück

Um mal klarzumachen, wie das funktioniert, erzähle ich Ihnen von einer psychologischen Untersuchung – dabei wurden Lehrer und ihre Lebenszufriedenheit untersucht. Und zwar Lehrer, die an einer renommierten, guten Schule unterrichteten, und solche, die an einer Problemschule unterrichten mussten. Überraschenderweise waren beide Gruppen etwa gleich zufrieden mit ihrem Leben. Als die Psychologen jedoch genauer hinsahen, stellten sie fest, dass sich die Lehrer an der guten Schule vormittags besonders gut fühlten – und nachmittags normal. Bei den Lehrern an der schlechten Schule war es einfach umgekehrt: Sie fühlten sich vormittags in der Schule nicht so toll, also normal – aber sobald sie aus der Schule herauskamen, fühlten sie sich gut.

Beide Gruppen täuschten sich also über ihr Befinden – die einen unterschätzten die Freude, die ihnen ihr Job brachte, und waren nicht so glücklich, wie sie eigentlich sein konnten, während die anderen den

Stress unterschätzten, aber nichts dagegen unternahmen. Beide vergaben also etwas von ihrem möglichen Glück.

Es ist wirklich wichtig, sich bewusst zu machen, wann man glücklich und wann man unglücklich ist! Ein sehr guter Weg, das zu tun, besteht darin, Tagebuch zu führen.

Befinden bewusst machen

Und unser Glück wird auch von einer anderen Selbsttäuschung beeinflusst: Wir merken nicht, wie sehr unsere Stimmungen unsere Wahrnehmung beeinflussen. Das ist deshalb wichtig, weil wir ja manchmal glauben, unsere Wahrnehmungen seien ganz objektiv. Vergessen Sie's!

Eines der Merkmale einer Depression ist, dass alle Denkvorgänge langsamer ablaufen. Die ganze Seele ist gedämpft. Doch bei Untersuchungen stellte sich heraus, dass Depressive in manchen Aufgaben sogar schneller sind als Nicht-Depressive: Die Versuchspersonen sollten aus einer Reihe von Sätzen die besonders negativen Sätze heraussuchen – die depressiven Teilnehmer erkannten diese Sätze nicht nur schneller, sondern sie merkten sie sich auch besser! Das ist nicht nur eine Kuriosität, sondern ganz wichtig für den Alltag: Unser Gehirn halt nämlich negative Stimmungen, wenn sie einmal da sind, auf subtile Art und Weise aufrecht: indem es Wahrnehmungen auswählt, die zu der negativen Stimmung passen.

Übung Robinson-Methode

Mit der Robinson-Methode kann man sich selbst die Augen öffnen und Selbsttäuschungen vermeiden. Das geht ganz einfach: In einem ersten Schritt schreibt man auf, welche Gefühle man empfindet. In einem zweiten Schritt wendet man sich aktiv sofort von negativen Gefühlen ab.

Erfolg der Methode bei Depressiven

Das klingt, wie so vieles Gute, fast zu einfach. Doch es funktioniert: Zunächst ist es eine etwas nervende Übung, dann wird es immer natürlicher und schließlich läuft es automatisch ab. Die Erfolge bei depressiven Patienten waren schon erstaunlich: Die Depression wurde bei 60 Prozent der Patienten besser – ebenso viel wie bei Patienten, die mit starken Medikamenten behandelt wurden. Eine

Psychoanalyse, bei der man versucht, die »tieferen Gründe« zu erforschen, brachte viel weniger. Und zwar genauso viel, wie ein Placebo (Scheinmedikament) – etwa 35 Prozent Besserung.

Wenn es Ihnen also einmal nicht gut geht: Lassen Sie gar nicht erst zu, dass sich Ihr Gehirn in die negative Stimmung vertieft, sondern nutzen Sie die Robinson-Methode, und wenden Sie sich sofort von negativen Gedanken ab.

Falle 3: Ich

Glücklich ohne das Ich?

Das Ich ist eine Falle? Oje, dann sind die Aussichten ja düster … Nein, keine Sorge, sind sie nicht. Sie müssen auch nicht gleich Buddhist werden und davon ausgehen, dass das, was Sie »Ich« nennen, ohnehin nur eine Illusion ist (auch wenn das natürlich hilft). Doch den Blick ein wenig vom Ich abzuwenden, wird Sie Ihrem persönlichen Glück schon ein Stück weit näher bringen. Auch wenn das ein wenig paradox klingt – gerade dann, wenn Sie »nicht da sind«, sind Sie am glücklichsten.

Der Blick nach innen

Es ist eben so, dass das Gehirn aktiv wird, wenn nichts passiert. Das kann interessant sein – manchmal, beispielsweise in der Meditation, sogar sehr bereichernd. Wenn dem Hirn nichts geboten wird, sorgt es selbst für Unterhaltung. Menschen in einem dunklen, schalldichten Raum beginnen schon nach wenigen Minuten, Lichterscheinungen zu sehen und nicht vorhandene Töne zu hören. Menschen in Meditation bieten dem Gehirn keine Aktivität – und die Wahrnehmungsfähigkeit und unbewussten Prozesse laufen intensiver ab. Denken wir über uns selbst nach, passiert auch nicht viel – und das Gehirn beginnt zu arbeiten. Die innere Wahrnehmung wird gesteigert. Das klingt zwar gut, hat aber weniger gute Konsequenzen. Und die haben wir der Evolution zu verdanken, die unser Gehirn so programmiert hat, dass wir, wenn wir nach innen sehen, eher Unangenehmes wahrnehmen und Sorgen produzieren.

Ohne Ich geht's auch

Was können Sie tun? Am besten nicht dauernd über das eigene Ich nachdenken und keine Grübelmarathons abhalten. Hinsehen schon. Aber dann Ziele setzen, eine der Möglichkeiten, die eigene Achtsamkeit auszurichten, nutzen – und das Leben genießen. Ohne Ich geht's auch.

Wenn Sie nach Selbsterkenntnis streben, werden Sie natürlich in sich hineinsehen wollen. Gut: Wenn Sie dabei nicht den Automatismen des Gehirns folgen und sich in Unangenehmes und Sorgen vertiefen.

Falle 4: Seitenblicke

Anderen geht es immer besser

Anderen Menschen geht es immer besser als uns selbst. Ist Ihnen das schon einmal aufgefallen? Ein Teil der Unzufriedenheit vieler Menschen kommt genau daher: Sie sehen Supermodels, Superstars, erfolgsverwöhnte, gut aussehende Menschen und denken sich, dass diese Menschen glücklich wären. Zumindest glücklicher als sie selbst. Wahrscheinlich haben Sie das aber längst durchschaut. Zumindest intellektuell. Doch sich von der Idee, dass es anderen besser geht, wirklich emotional zu lösen, ist gar nicht so leicht.

Wer sich vergleicht, verliert. Fast immer.

Beispiel: Vergleich mit anderen

Psychologen haben manchmal einen etwas gemeinen Humor. So beispielsweise in einem Versuch, in dem es um dieses Vergleichen mit anderen ging. Die Wissenschaftler befragten ihre Versuchspersonen über ihr Sexualleben. Das Gemeine aber war, dass die Fragen so manipuliert waren, dass die armen Opfer immer eine Extremgruppe ankreuzen mussten. Eine Frage lautete: »Wie oft hatten Sie befriedigenden Sex in der letzen Woche?« Da gibt es natürlich große Unterschiede. Aber die vorgegebenen Antworten lauteten:

a) Mindestens 14-mal
b) Mindestens 10-mal
c) Mindestens 8-mal
d) Weniger als 8-mal

Ich nehme mal an, dass Sie wohl d) ankreuzen würden. Wie natürlich auch fast alle Versuchspersonen. Bei einer Frage geht das ja noch. Aber stellen Sie sich einen ganzen Fragebogen vor, bei dem Sie ganz offensichtlich immer am unteren Ende der Skala liegen. Dann können Sie sich vorstellen, wie beunruhigt die Probanden waren. Nach diesem Fragebogen füllten die Versuchpersonen noch einen weiteren aus, bei dem es um die Zufriedenheit mit dem Partner ging. Und das Ergebnis war so eindeutig wie erschreckend: Die Unzufriedenheit war weit über der Norm – und die Bereitschaft zum Fremdgehen ebenfalls. Und das war die Folge des Fragebogens, bei dem sich die Befragten automatisch mit dem angeblichen Durchschnitt (der natürlich überhaupt nichts mit den wirklichen Verhältnissen zu tun hatte) verglichen!

Machen Sie sich also absolut klar, dass nur zählt, wie *Sie* sich fühlen. Um das herauszufinden, brauchen Sie keine anderen. Und erst recht nicht, wenn Sie diese anderen nicht einmal kennen: Seien es nun anonyme Fragebogenvergleichspersonen, Filmstars, Castingshow-Gewinner oder auch nur Ihr Nachbar mit dem größeren Auto.

Falle 5: Hamsterrad

Was Hamster so toll daran finden, in einem Laufrad immer schneller zu laufen, ist ein Geheimnis, das sie mit Marathonläufern teilen. Aber wenn es ihnen zu viel wird, hören sie einfach auf und tun etwas anderes. Das kann man von den Menschen, die im Hamsterrad gefangen sind, das ihren materiellen Wohlstand ankurbeln soll, nur selten sagen. Vielleicht geht es auch Ihnen so?

Mit Geld zu mehr Zufriedenheit?

In allen Umfragen wird Wohlstand immer als sehr wichtig für das Glück genannt. Was schon sehr erstaunlich ist – denn Geld hat auf Zufriedenheit nur minimalen Einfluss. Und auch das nur bei der untersten Einkommensgruppe. Wahrscheinlich werden Sie jetzt merken, dass Sie bereits im Hamsterrad stecken – denn Sie werden es vielleicht gar nicht glauben. Mehr Geld muss doch auf jeden Fall glücklicher machen! Oder vielleicht scheint es Ihnen durchaus wahr, dass es nicht sehr viel für Ihre Lebenszufriedenheit bringt – und trotzdem haben Sie das Gefühl, dass es *doch* sehr erstrebenswert sei, mehr zu haben. Es betrifft übrigens nicht nur Geld. Ruhm kann genau dasselbe bewirken: Man hetzt ihm hinterher, in der Hoffnung, durch mehr Ruhm auch mehr Zufriedenheit und Glück zu bekommen – und merkt dabei gar nicht, dass man dem Glück kein Stückchen näher kommt. Diese Zusammenhänge wurden ausführlich untersucht. Es geht ja nicht darum, die moralische Lehre von der Armut zu verbreiten, sondern um Fakten. Und die geben ein eindeutiges Bild: Geld und Ruhm führen definitiv nicht zu mehr Glück.

Ein bisschen erschreckt das schon, oder macht zumindest nachdenklich: Fast alle Länder dieser Erde haben die Steigerung der Wirtschaftsleistung als eines ihrer Hauptziele gesetzt. Und da sind sich Regierung und Opposition sogar ausnahmsweise einig. Wenn man das dann einmal mit dem Anspruch vergleicht, dass die Menschen doch möglichst frei und glücklich sein sollten, muss man feststellen, dass die Politik zumindest beim zweiten Punkt geradezu grotesk gescheitert ist.

Steigerung der Wirtschaftsleistung als Ziel

Wenn Sie glücklich sein wollen, steigen Sie aus dem Hamsterrad aus. Lassen Sie Ihr Tun nicht davon leiten, ob es Ihnen mehr Geld oder Ruhm verspricht.

Wenn Sie sich erst einmal vom sinnlosen Zwang des »Immer mehr« befreit haben – dann kann Ihnen auch der Hauptgewinn im Lotto und eine tragende Rolle in einem Hollywoodfilm nichts mehr anhaben. Denn dann geht es Ihnen sowieso gut.

Falle 6: Neid

Was Neid auslöst

Es gibt psychologische Untersuchungen, deren Ergebnisse einen merkwürdig berühren. Die folgende gehört dazu: Es wurde die Stimmung von Menschen gemessen – in Abhängigkeit von Bildern, die sie zuvor gesehen hatten. Und das wirklich bizarre Ergebnis war, dass allein der Anblick eines Rollstuhlfahrers die Stimmung hebt. Ist das nicht verrückt? Einen Menschen zu sehen, der es scheinbar schwerer hat als man selbst, hebt die Stimmung. Umgekehrt ist es so, dass der Anblick supererfolgreicher, megaattraktiver und turbofitter Menschen bei den meisten Menschen fast schon Depressionen auslöst. Oder vielmehr Neid. Und zwar unabhängig davon, wie gut es einem geht.

Neid ist unproduktiv

Neid ist aber völlig unproduktiv. Dem Neid geht es nur darum, dass der »Gegner« weniger gut dasteht als man selbst. *Wie* gut man selbst dasteht, spielt überhaupt keine Rolle. Das kann wirklich seltsame Formen annehmen. So berichtet eine Studie von Arbeitern, die bereit waren, weniger zu verdienen – wenn eine konkurrierende Gruppe noch weniger bekam. Zu solchen Verrücktheiten kann uns unsere biologische Prägung verleiten. Doch wir sind ja nicht die Marionetten unserer Gene!

Lassen Sie sich nicht von Werbung und Erfolgsgeschichten, von zur Schau gestelltem Reichtum und Wichtigkeitsgetue beeindrucken. Und wenn Sie sich mit anderen vergleichen: Bewundern Sie, statt zu beneiden!

Noch eines, da ja in Anbetracht extrem Gieriger oft der Begriff »Neid-Debatte« fällt: Gerechtigkeitsgefühl hat nicht das Geringste mit Neidgefühlen zu tun! Und Ungerechtigkeit ist der größte Glückskiller überhaupt!

Falle 7: Gier

Gier ist natürlich eine der größten Glücksfallen. Unwissenheit, Hass und Gier: Das waren die drei Geistesgifte, vor denen Buddha seine Schüler warnte. Diese Warnung ist heute sicherlich auch am Platz.

Der Gierige ist immer unzufrieden

Das Verlangen nach immer mehr ist ganz natürlich: Die Gierigen haben mehr Motivation, um knappe Ressourcen an sich zu reißen und in Notfällen zu überleben. Biologisch macht das also Sinn. Psychologisch hingegen nicht den geringsten. Gier ist ein Gefühl des Mangels – selbst dann, wenn es an nichts mangelt. Der Gierige ist also selbst im Überfluss unzufrieden.

Der Gier entgegenzusteuern ist schwer, denn sie ist ein Teil von uns. Wir alle sind von Natur aus gierig und wollen immer mehr. Doch das heißt nicht, dass wir dem hilflos ausgeliefert sind. Der kritische Umgang mit unserem neuronalen Erwartungssystem muss aber gelernt und geübt werden. Das lohnt sich!

Am besten steuern wir mit Visualisierungen der Gier entgegen: Wenn es Sie nach immer mehr gelüstet, rufen Sie sich in Erinnerung, zu was erfüllte Wünsche (die sich auf materielle Dinge beziehen) oft führen. Nämlich zu Langeweile und noch mehr Begierde. Machen Sie sich klar, dass Begehren nicht unbedingt in Genuss endet – auch wenn unsere Vorstellung uns das gerne glauben macht.

Zufriedenheit steigt nicht mit dem materiellen Wohlstand. Egal, welche Umfrage Sie zurate ziehen: Glück steht immer an erster Stelle der Dinge, die sich die Menschen wünschen. In Deutschland finden etwa 70 Prozent der Bevölkerung Glück am wichtigsten. Wären nun mehr Geld und Gut oder auch mehr Möglichkeiten ein Mittel, um zufriedener zu sein, dann lebten wir im Paradies. Gerade das aber zeigen Untersuchungen nicht. Es scheint vielmehr, als wäre mit steigendem Einkommen, größerem Luxus und mehr Möglichkeiten, beispielsweise karibische Trauminseln zu besuchen, ein Verlust an Lebenszufriedenheit verbunden. Während sich 1974 immerhin noch 50 Prozent aller Bürger als glücklich bezeichneten, sind es 2009 noch etwa 30 Prozent. Der Wohlstand hat nichts für das Wohlbefinden gebracht. Wenn es Ihnen also darum geht, sich wohlzufühlen, ein erfülltes Leben zu leben – meiden Sie die Gier wie die Pest!

Falle 8: Schlechte Gesellschaft

Bedeutung des sozialen Umfelds

Es gibt einige Verhaltensweisen, die zu einer geringeren Lebenserwartung führen. Sie kennen sicher einige: Beispielsweise Rauchen, Bluthochdruck und Übergewicht. Rauchen erhöht das Risiko, innerhalb des nächsten Jahres zu sterben, um 50 Prozent. Doch das ist harmlos gegen ein anderes Übel: soziale Konflikte.

> Wenn man nicht nur länger, sondern vor allem glücklicher leben will, tut man gut daran, auf seinen Umgang zu achten. Gute Freunde sind glücksfördernd und lebensverlängernd. Stressige Menschen verkürzen das Leben und machen es weniger glücklich.

Also denken Sie daran: Halten Sie sich von schlechter Gesellschaft fern. Vergessen Sie angebliche Pflichten – wenn Ihnen Menschen unsympathisch sind, ist es besser, sie zu meiden. Und noch besser ist es, eine entspannte Haltung zu finden, die von Nachsicht getragen ist. Dann sind Ihnen nicht so viele Menschen unsympathisch und Sie sind zufriedener.

Falle 9: Schlechtes Timing

Höhepunkte und Schluss

Es kann alles ganz einfach sein, wenn man nur weiß, wie. Und wenn man weiß, was das Gehirn speichert, ist es auch leichter, glücklich zu sein: Es gibt zwei Dinge, die wir uns gewöhnlich besonders einprägen und die unser Befinden und unsere Zufriedenheit beeinflussen. Erstens die Höhepunkte und zweitens die letzten Minuten eines Ereignisses.

Vielleicht kennen Sie das von Partys. Eine Party war im Grunde ganz toll – und deshalb blieben Sie bis zum Schluss. Aber irgendwie ist sie Ihnen nicht so besonders in Erinnerung geblieben – denn wenn auch die letzten Gäste allmählich gehen, ist es eben nicht mehr so spannend. Eine andere, objektiv nicht so herausragende Feier, bei der Sie gerade dann gehen mussten, als es doch noch ganz nett wurde, blieb Ihnen viel besser in Erinnerung. Und wieder einmal stimmt eine alte Weisheit vollkommen: Hören Sie auf, wenn's am schönsten ist.

Die 9 Glücksmagneten

Können wir unser Glück anziehen?

Und nun sehen wir uns mal das Gegenteil an: Was ist unserem Glück und unserer Zufriedenheit besonders zuträglich? Können wir unser Lebensglück anziehen?

Ja – wenn wir es nicht zu sehr erzwingen. Der beste Glücksmagnet ist, alles zu geben. Und, wie Sie ja mittlerweile wissen, geht das wiederum am besten, wenn man glücklich ist. Sie wissen ja schon, was Sie vermeiden sollten: Gier, Neid, Erwartungen, Egozentrik. Doch es ist gar nicht gut, wenn Sie sich – auch mit der Absicht, sie zu vermeiden – zu sehr auf negative Dinge konzentrieren. Im Folgenden sehen Sie, auf was Sie Ihre Aufmerksamkeit anstelle von Gier, Neid oder dem lieben Ich richten können.

Magnet 1: Tätigkeit

Ich glaube, es ist in diesem Buch schon deutlich geworden, dass Tun besser ist als Nichtstun – für die eigene Zufriedenheit. Ja, mehr noch: Je mehr man bei dem, was man tut, gibt, desto mehr wird man bekommen.

Wir haben, im Vergleich mit früheren Zeiten, unglaublich viel Freizeit. Und was ist geschehen? Es entstand eine Freizeitindustrie, die

die leere Zeit füllt. Der Psychologe Csíkszentmihályi (wenn Sie sich darüber ärgern, dass Sie nicht wissen, wie man so etwas ausspricht: *tschick-sent-michai*) hat dazu seit Jahrzehnten geforscht und das Konzept des Flow entwickelt. Wir haben ja ausführlich darüber gesprochen, doch ein Ergebnis des Forschers möchte ich Ihnen doch noch mitgeben: Csíkszentmihályi fand, dass Menschen dazu neigen, die Freizeit zu verklären. Die meisten Menschen glauben ja sogar, dass die Welt ohne Arbeit (bei gleichem Lebensstandard) ein Paradies wäre. Der Wissenschaftler konnte zeigen, wie falsch man in der Regel damit liegt. Wer hätte gedacht, dass die Menschen im Durchschnitt bei der Arbeit mehr als doppelt so oft das Gefühl der Zufriedenheit und inneren Harmonie erleben, als in der Freizeit?

Dass vielen dieses Ergebnis geradezu unglaublich vorkommt, hängt mit zwei Dingen zusammen: Einmal ist es eben so, dass man, wenn man im Flow und völlig eins mit sich und der Welt ist, nicht reflektiert, also gar nicht über Glück oder Unglück nachdenkt. Und man kommt auch nicht wirklich zum Nachdenken – und vergisst tatsächlich, wie wohl man sich eigentlich beim Tun fühlt. (Und kommt dann natürlich auch gar nicht auf die Idee, dass man seine Zufriedenheit steigern könnte, wenn man mit ganzem Herzen bei dem wäre, was man tut.) Zum Zweiten sind wir von Kindheit an darauf geprägt, Arbeit als etwas tendenziell Unangenehmes und Fremdbestimmtes zu betrachten. (Und in der Schule wird uns das dann ja auch nahegelegt.)

Ohne Tätigkeit, ohne Aufgabe verfallen wir der Verblödung, der Langeweile und der Frustration. Gar nichts zu tun ist sogar noch schlimmer, als zu viel zu tun.

Es gibt natürlich viele Menschen, die ausgebeutet werden. Und zu Recht kämpfen beispielsweise Gewerkschaften dagegen. Doch sie liegen falsch, wenn sie glauben, weniger Arbeitszeit und mehr Geld würden Arbeitnehmer glücklicher machen. Bessere Arbeitsbedingungen, keine Überforderung, aber auch keine Unterforderung, mehr Selbstbestimmung und ein wenig Gerechtigkeit – dann ist die Arbeit das, was sie sein sollte: produktive, sinnvolle Tätigkeit, die zufrieden macht.

Magnet 2: Bewegung

Bewegung gegen Depression

Churchhills Spruch »No sports!« wird von Couchpotatoes und solchen, die es werden wollen, oft zitiert – da hat man doch einen überaus erfolgreichen Menschen, der noch dazu über 90 Jahre alt wurde, als herrliche Referenz für seine eigene Trägheit. Was dabei unterschlagen wird: Churchill litt unter schweren Depressionen. Und umgekehrt: Bewegung ist eines der besten Mittel gegen depressive Stimmungen – und sogar bei klinischen Depressionen tun es Pillen und Gespräche allein nur halb so gut, wie wenn die Therapie mit Bewegungstraining verbunden ist.

Die wissenschaftlichen Untersuchungen dazu sind äußerst spannend. Unter anderem wird in ihnen deutlich, wie sehr scheinbar reine Gefühlszustände mit dem Körperlichen zusammenhängen. Wenn wir glücklich sind, geht unser Puls ein wenig schneller, so etwa drei bis fünf Schläge pro Minute. Und auch die Hauttemperatur ist etwas höher, wenn auch nur ein Zehntel Grad. In Bewegungsstudien konnte man auch feststellen, dass sich glückliche Menschen anders bewegen als unglückliche: Die Bewegungen sind entspannter und flüssiger.

Glückszustand durch Bewegung steigern

Das alles ist ja nicht so sensationell. Der Witz ist jedoch, dass es umgekehrt auch funktioniert: Wenn wir uns ein wenig bewegen, unseren Puls und unsere Temperatur durch die Bewegung etwas steigern und möglicherweise sogar noch üben, uns zu entspannen und flüssig zu bewegen – dann steigen unsere Chancen, Glückszustände und Zufriedenheit zu erleben, ganz stark an!

Körperbewusstsein verbessern

Wir fühlen uns gut, wenn uns der Körper Signale sendet. Je mehr Sie sich mit Ihrem Körper verbunden fühlen, desto besser sind Ihre Chancen, sich glücklich zu fühlen. »No sports!« ist also keine besonders schlaue Devise. Wenn Sie Sport (in Maßen) treiben, verschwenden Sie keine Energie. Im Gegenteil: Sie werden sich besser fühlen. Noch besser sind Übungen, die vor allem darauf abzielen, Ihr Körperbewusstsein zu verbessern: beispielsweise Yoga oder Taiji.

Alles geben beim Sport heißt nicht unbedingt Muskelkater und Schwitzen – sondern mit ganzem Bewusstsein dabei sein. Und dann werden Sie mit Sicherheit mehr bekommen, als Sie geben.

Magnet 3: Lächeln

Lächeln ist angeboren

Lächeln Sie! Auch wenn es eigentlich gar nichts zu lächeln gibt. So seltsam das auch klingt – lächeln macht glücklich. Und wenn man glücklich ist, lächelt man. Und das funktioniert so: Bestimmte grundlegende Emotionen sind angeboren. Anthropologen fanden heraus, dass auch blinde Kinder, und zwar aus jedem Kulturkreis, lächeln, wenn sie sich wohlfühlen. Die Reaktion »Lächeln« auf Wohlbefinden scheint also in unserem Gehirn eingebaut zu sein. Und deshalb können wir es austricksen. Wir lächeln und unser Gehirn denkt: »Wie, was? Oh, anscheinend geht es uns gut!« Und das tut es dann auch.

Das echte Lächeln

Einen kleinen Haken gibt es dabei. Es ist nämlich gar nicht so leicht, zu lächeln. Irgendein Grinsen bekommt jeder hin. Doch es gibt immerhin 19 unterschiedliche Arten des Lächelns, die von 42 Mimikmuskeln gesteuert werden. Und nur eine Art ist das echte Lächeln, das wir im Gesicht eines anderen sofort erkennen und das uns ansteckt. Ein Muskel ist dabei besonders wichtig: der Augenringmuskel. Schauen Sie sich das doch mal im Spiegel an:

Übung Lächeln

Ziehen Sie die Mundwinkel nach oben – und Sie sehen (und fühlen) nur ein verzerrtes Gesicht. Und dann versuchen Sie mal, wirklich aus dem Herzen heraus, aus Freude, zu lächeln. Vielleicht müssen Sie ein wenig herumprobieren oder intensiv an etwas Lustiges denken. Doch Sie werden sofort spüren, wenn Sie es getroffen haben.

Den Augenringmuskel beherrschen

Wissenschaftler wollten es natürlich ganz genau wissen. Sie ließen Versuchspersonen das echte Lächeln üben und maßen dabei mit einem EEG die Stimmung (ja, das geht!). Und das Ergebnis war eindeutig: Je besser die Versuchspersonen ihren Augenringmuskel beherrschten, desto bessere Stimmung hatten sie. Das können Sie auch! Ein wunderbares Beispiel dafür, wie Sie etwas mit ganzem

Herzen tun können und dabei viel mehr bekommen, als Sie investiert haben.

Und noch ein Ergebnis einer Untersuchung, das sich insbesondere Lehrer ganz dick hinter die Ohren schreiben sollten: Schüler, die im Unterricht lachen dürfen, lernen besser. Also: Lächeln Sie! Und aus ganzem Herzen lachen ist genauso gut.

Magnet 4: Positive Gefühle

Unangenehme Gefühle

Es gibt ja immer noch Menschen, die sich mit einem Dampfdruckkochtopf verwechseln. Sie glauben, wenn sie starke Gefühle empfinden, müssten sie die herauslassen, sonst würden sie platzen. Mir ist allerdings aus der gesamten Medizingeschichte kein Fall bekannt, in dem das tatsächlich passiert wäre. Ähnlich ist es mit Menschen, die in ihrer Vergangenheit nach unangenehmen Situationen und Gefühlen suchen, wie Goldgräber nach Nuggets. Nur finden sie dabei eben nie Gold, sondern nur Sch …

Gehirn nicht negativ programmieren

Neuropsychologen und Weise wissen schon seit einiger Zeit, dass schlechte Gefühle nichts Gutes bewirken. Denn je häufiger ein Gefühl auftritt, desto leichter wird es auch in Zukunft auftreten. Mit jedem Gefühl programmieren wir unser Gehirn. Wenn Nervenzellen immer wieder gleichzeitig aktiv sind, wird die Verbindung zwischen ihnen stärker und sie werden schneller aktiv. 1999 gelang es dem deutschen Neurowissenschaftler Bonhoeffer, Nervenzellen beim Wachstum zu filmen – Wachstum, das durch Lernen stattfand.

Gute Gefühle kultivieren

Halten Sie sich also von schlechten Gefühlen fern und kultivieren Sie gute Gefühle. Das kann man üben. Und was man lernen kann, kann man auch verlernen: beispielsweise die Gewohnheit, sich in schlechten Gefühlen, Selbstmitleid, Erinnerungen an schlimme Erfahrungen oder Wut zu wälzen, wie ein Schweinchen in einer Schlammpfütze.

Die Idee, der alte psychologische Schulen leider immer noch anhängen, dass belastende Erfahrungen aufgearbeitet werden müssen, ist mittlerweile wirklich überholt. Wenn Sie einen Rucksack mit Steinen herumtragen, den Ihnen mal jemand aus Bosheit umgehängt hat – was wäre wohl sinnvoller: die Steine »aufzuarbeiten« oder den Ballast einfach möglichst schnell loszuwerden?

Nun, das hört sich so an, als würde ich die Wirkung schlimmer Erfahrungen auf die Seele nicht ernst nehmen, den menschlichen Geist für einen simplen Computer halten oder behaupten, dass Menschen nicht sehr tiefgehend unter ihren Lebenserfahrungen leiden können. Natürlich ist das nicht so. Ein Kind, das missbraucht wurde, ein Folteropfer oder Menschen, die andere, wenn vielleicht auch nicht so extreme, belastende Dinge erleben mussten, leiden selbstverständlich. Die Erfahrungen kann man nicht einfach unter den Teppich kehren. Aber, um bei dem Bild zu bleiben, man muss den Dreck auch nicht zusammensuchen, sich auf den Esstisch legen und die Nase möglichst tief hineinstecken.

Übung ist mehr wert als Wissen

Wir im Westen tun uns anscheinend etwas schwer damit, zu verstehen, dass Übung und Gewohnheit viel viel wichtiger sind als Entscheidungen oder Wissen. Schlimme Erfahrungen verschwinden nicht durch eine Entscheidung. Sie verschwinden auch nicht, wenn wir bis in jede Kleinigkeit wissen, wie sie zustande kamen und wie mies wir uns damit fühlen. Sie verschwinden aber allmählich, wenn wir üben, positive Gefühle zu spüren, und uns das zur Gewohnheit machen.

Das hat gar nichts mit Verdrängen zu tun, sondern mit Rauswerfen. Wenn Sie ungebetene und unverschämte Gäste hätten, die Ihre Wohnung ungemütlich machen, überall Dreck hinterlassen und bis drei Uhr morgens Lärm veranstalten, kämen Sie sicher nicht auf die Idee, sie in ein Zimmer in Ihrer Wohnung zu drängen und dort einzusperren. Ganz zu Recht könnten Sie erwarten, dass es dann fruher oder später Probleme gibt, diese Leute das Zimmer verlassen und sich wieder in der ganzen Wohnung breitmachen. Was würden Sie als vernünftiger Mensch tun? Ist ja wohl klar: Die Leutchen rausschmeißen!

Gute Gefühle zu üben lohnt sich. Geben Sie alles dabei!

Magnet 5: Genuss

Genuss als Wegweiser

Genießen Sie das Leben! Genuss ist ein prima Wegweiser: Wenn wir etwas genießen, gibt uns unser Gehirn das Signal, dass wir etwas richtig machen. Was wir nicht genießen können, tut uns in der Regel nicht gut.

Exkurs Neurochemie

Zum richtigen Genießen gehört aber auch, dass Sie das wichtigste Genussgesetz kennen: Genuss ist nicht von Dauer. Das ist kein Pessimismus oder gar eine moralische Drohung mit erhobenem Zeigefinger, sondern einfach Neurochemie. Wenn wir ein Bedürfnis haben, schüttet das Gehirn die Substanz Dymorphin aus, die uns unruhig macht und dazu führt, dass wir verstärkt nach der Erfüllung des Bedürfnisses suchen. Kommt die Erfüllung in Reichweite, belohnt uns das Gehirn mit Dopamin und wir empfinden Vorfreude. Dann erfüllen wir unser Bedürfnis und es werden Endorphine freigesetzt, die zu tiefem Wohlbefinden führen. Und dann? Der Zustand bleibt nicht ewig. Der Endorphinspiegel sinkt ab und der Genuss endet. Die Aufgabe ist erfüllt. Das ist immer so. Es kann keinen ständigen Genuss, kein ständiges Hochgefühl geben. Und was bedeutet das für unser Lebensglück?

> Genießen Sie möglichst achtsam und mit Pausen. Die unmittelbaren Bedürfnisse sofort zu erfüllen bedeutet, das Genießen schal zu machen.

Das Leben hat seine Höhen und Tiefen. Ist es nicht gut zu wissen, dass das keine Gemeinheit des Lebens ist, kein Zufall, sondern in der Sache selbst liegt? Glück braucht sowohl Hochs als auch Tiefs. Wenn Sie sich das ganz klarmachen, werden Sie die Glücksmomente mehr genießen und die Zeit, in der das Glück eine kleine Pause macht, mit Gelassenheit betrachten können. Und dann ist es schon viel leichter, alles zu geben.

Magnet 6: Freunde

Einer der wenigen Faktoren, die immer die Lebenszufriedenheit verbessern, sind Freundschaften. Die anderen sind körperliche Bewegung und eine gute Partnerbeziehung. Von beidem war schon die Rede.

Freunde sind nicht einfach Menschen, die man kennt. In Zeiten von Facebook und StudiVZ glauben manche tatsächlich, sie hätten Hunderte oder gar Tausende von Freunden. Auch wenn sie die meisten noch nie persönlich gesehen haben. Freunde sind aber etwas anderes als Menschen, die am Computer sitzen und »In Freundesliste aufnehmen« angeklickt haben. Früher nannte man das eher »entfernte Bekannte«. Doch es geht ja nicht um Worte; lassen wir die Facebook-Freunde Freunde sein. Doch die Freunde, von denen ich hier spreche, sind eben etwas qualitativ anderes; nennen wir sie »Herzensfreunde«: Menschen, die uns wirklich nahestehen, deren Leben und Denken wir kennen (und sie unseres).

Freunde in Zeiten von Facebook

Klar gibt es davon nicht viele. Vielleicht nur einen oder zwei. Aber diese Beziehungen sind wichtig. Wer nicht mindestens einen Menschen hat, dem er voll und ganz vertrauen kann, hat einen schlimmeren Mangel als jemand, dem ein Bein fehlt. Während allerdings ein Bein nie und nimmer nachwächst, geht das bei Freundschaften schon.

Echte Freundschaften pflegen

Pflegen und kultivieren Sie Ihre echten Freundschaften. Auch wenn es heißt, die »Freunde« im Internet, oberflächliche Bekannte oder Geschäfts- und Parteifreunde (die mitunter gerade das Gegenteil sind) ein wenig zu vernachlässigen. Machen Sie sich klar, dass Freundschaft eines der wichtigsten Dinge im Leben ist. Und wenn Sie bestürzt feststellen, dass Sie eigentlich keine wirklichen Freunde haben: Unternehmen Sie etwas dagegen. Geben Sie alles – und in einer Freundschaft bekommen Sie immer mehr, als Sie geben.

Magnet 7: Achtsame Neugier

Neugier ist etwas Gutes. Mitunter nimmt sie allerdings nicht so schöne Formen an, wie beispielsweise im Fall von Sensationslust. Doch die Lust daran, etwas Neues zu erfahren, ist eines der Dinge, die dazu beitragen, uns wach, lebendig und glücklich zu erhalten.

Kinder beispielsweise sind immer neugierig. Wären sie es nicht, könnten sie weder lesen noch schreiben noch sprechen lernen. Und bei Erwachsenen ist es nicht sehr viel anders: Wer seine Neugier verliert, kann kaum noch etwas dazulernen – und wer nichts dazulernt, wird kaum zufrieden und glücklich sein können. Denn, Sie

Mit Neugier dazulernen

wissen es ja wahrscheinlich mittlerweile, Glücklichsein ist kein Zustand, sondern ein Prozess.

Jedes Interesse lässt Ihre Lebensfreude steigen. Je älter man wird, desto mehr neigt man dazu, das Neue zu scheuen und sich an das Gewohnte zu klammern. Überwinden Sie die Scheu vor Neuem und lernen Sie Unvorhersehbares zu schätzen – Sie werden feststellen, dass sich die Welt erweitert und Ihre Lebensreise eine Reise von Freude zu Freude sein kann.

Magnet 8: Mitmenschlichkeit und Engagement

Beispiel Roseto-Effekt

Irgendwann, Anfang der 60er Jahre, saßen in den USA zwei Ärzte bei einem Bier zusammen. Der eine war ein einfacher Landarzt, der andere der Dekan der medizinischen Fakultät der Universität von Oklahoma. Beiläufig erwähnte der Landarzt, dass es schon erstaunlich sei, dass in zwei nebeneinander liegenden Ortschaften, Roseto und Bangor, die Todesfälle aufgrund von Herz-Kreislauf-Krankheiten so extrem unterschiedlich seien. Der Wissenschaftler horchte auf. Und das Phänomen wurde untersucht. Heute kennt die Wissenschaft diesen Roseto-Effekt.

Es war wirklich verblüffend: Während in der Regel die Herzinfarktrate mit zunehmendem Alter ansteigt, lag sie in Roseto bei 55- bis 64-jährigen Männern beinahe bei null. Und dabei lebten die Männer in Roseto absolut ungesund: Sie rauchten, tranken viel Wein und aßen fett. Die Menschen in Roseto waren auch keineswegs insgesamt gesünder; die Krebsrate war beispielsweise genauso hoch wie überall sonst. Doch das gab einen wichtigen Hinweis: Denn es war schon damals bekannt, dass Herzkrankheiten eine starke psychosomatische Komponente haben, während das bei Krebs nicht der Fall ist.

Als man daranging, sich die Sache genauer anzusehen, stellt sich heraus, dass der entscheidende Unterschied in den Beziehungen der Menschen zueinander lag. Die Einwohner von Roseto waren alle italienischstämmig und zeigten einen besonderen Zusammenhalt. Sie interessierten sich aufrichtig für ihre Nachbarn, halfen sich gegenseitig und engagierten sich in der Gemeinschaft. Reichtum wurde nicht zur Schau gestellt; es entstand kein Neid und kein Leistungsdruck. Arbeitslose gab es nicht. Verbrechen auch nicht.

Natürlich blieb die Zeit nicht stehen. Roseto wurde allmählich wie andere Städte. Und die Herzinfarktrate glich sich der durchschnittlichen Rate an.

Mitmenschlichkeit im eigenen Interesse

Engagement und Mitmenschlichkeit sind schöne Dinge. Zynische Zeitgenossen nennen Menschen, die diese Dinge propagieren, verächtlich »Gutmenschen«. Doch Mitmenschlichkeit und Engagement kann man auch aus Eigennutz zeigen. Denn sie helfen nicht nur, Herzinfarkte zu vermeiden, sondern es gibt auch kaum etwas, das das Gefühl, in einer gerechten, engagierten Gemeinschaft zu leben, aufwiegen kann.

Und wenn Sie auch die Gesellschaft im Großen nicht ändern können, so können Sie doch Ihr Leben verbessern: Indem Sie sich um andere kümmern, sich über Sie selbst hinausweisende Ziele setzen, sich engagieren und enge soziale Kontakte pflegen. Nicht um ein Gutmensch zu sein, sondern um sich gut zu fühlen.

Magnet 9: Verantwortung

Verantwortung – Last oder Lust?

Unsere Politiker tragen die Last der Verantwortung. Wie auch andere Leistungsträger. Die Armen! Doch was angeblich eine Last ist, hat die Glücksforschung als Lust enttarnt. Wer Verantwortung trägt, hat ein wenig Stress. Aber es ist eben Eustress – also die Art von Stress, die eigentlich keiner ist, die Art, die guttut, motiviert, ein Ziel gibt und die Lebensqualität erhöht.

Übernehmen Sie also Verantwortung, wo Sie können. In einem Ehrenamt, in gesellschaftlichem, sozialem oder politischem Engagement. Sie werden merken, wie gut das tut – und warum kein Politiker, kein Arzt, kein Unternehmer mit einem Lagerarbeiter tauschen würde, selbst wenn er genauso viel wie in seinem alten Beruf verdienen würde.

Ein erfülltes Leben

Die sieben Todsünden

Kennen Sie die sieben Todsünden? Wenn Sie theologisch gebildet sind, werden Sie schon wissen, dass die sogenannten sieben Todsünden eigentlich gar keine Sünden sind, sondern die sieben Hauptlaster, die zur Sünde führen.

In der Idee steckt viel Weisheit. Diese sieben, sagen wir mal ganz neutral, Verhaltensmuster führen über kurz oder lang zu Unglück. Doch wir wollen uns ja auf das Glücklichsein konzentrieren – und auch dabei hilft die Lehre von den Todsünden: Jede hat nämlich einen Gegenpol. Und der ist oft nicht, was Puritaner uns manchmal glauben machen wollen.

Und hier sind sie, die sieben Dinge, die Sie unbedingt vermeiden sollten – und zwar, indem Sie sich auf den Gegenpol konzentrieren:

1. Todsünde Stolz – Entwickeln Sie lieber Ihr Selbstwertgefühl!
2. Todsünde Geiz – Seien Sie lieber sparsam und freigebig!
3. Todsünde Neid – Finden Sie Inspiration anhand von Modellen!
4. Todsünde Völlerei – Genießen Sie jeden Bissen!
5. Todsünde Hurerei – Genießen Sie Ihre Sexualität ohne Leistungsdruck!
6. Todsünde Zorn – Lassen Sie Wut los und werden Sie produktiv aktiv!
7. Todsünde Trägheit – Genießen Sie Bewegung, Aktivität, aber auch Entspannung!

Hybris wider besseres Wissen

Im Grunde glauben die meisten Menschen, dass sie unsterblich sind. Natürlich wissen sie, dass das, zumindest was das Leben in diesem Körper in dieser Welt betrifft, nicht so ganz stimmt. Dass sie etwas anderes glauben, zeigt sich in ihrem Verhalten. Wie wäre es sonst möglich, dass Kriege geführt werden, Macht und Geld ohne Rücksicht zusammengerafft werden, dass oft so wenig Interesse an den Mitmenschen und noch weniger Interesse an der eigenen spirituellen Entwicklung besteht? Das alles ist nur dann verständlich, wenn man versteht, dass sich die meisten Menschen in der Tiefe ihres Herzens für unsterblich halten – für das Gute, Schöne, Sinnvolle ist immer noch »später« Zeit …

Sich die Kürze des Lebens bewusst machen

Sie wissen natürlich, dass das nicht stimmt. Und doch ist es ziemlich schwierig, sich die Kürze des Lebens wirklich ganz bewusst zu machen. Es ist ja vielleicht auch erst einmal unangenehm. Für was soll das überhaupt gut sein?

Diese Frage ist wirklich leicht zu beantworten. Wer sich seiner Endlichkeit bewusst ist, wird eine Abscheu davor entwickeln, seine wertvolle, unwiederbringliche Zeit mit Unwesentlichem, mit Bosheiten und der unersättlichen Gier nach materiellen Überflüssigkeiten zu vergeuden. Stattdessen wird er versuchen, seinem Leben Sinn, Erfüllung und Freude zu geben. Und zwar mit ganzem Herzen. Dann wird das Leben zu einem gelungenen Kunstwerk anstatt zu einem beliebigen, zufälligen, sinnlosen und fremdbestimmten biologischen Mechanismus.

Sinn und Ziel in diesem Leben

Der Glaube an ein Jenseits, ein Leben nach dem Tod oder eine Wiedergeburt ändert wenig daran: Alle Religionen betonen, wie wichtig es ist, *dieses* Leben gut zu führen und ihm Sinn und Ziel zu verleihen. All das wissen Sie. Zumindest Ihr Herz weiß es ganz genau. Je klarer Ihnen die Kürze des Lebens ist, desto eher werden Sie fühlen, dass Sie etwas Befriedigendes, Sinnvolles, Erfüllendes tun wollen. Mit ganzem Herzen. Was sonst?

Übung Nachruf

Es gibt eine alte Übung, die zunächst vielleicht etwas makaber anmutet, aber sehr erhellend sein kann. Nehmen Sie sich ein paar Minuten Zeit und schreiben Sie Ihren »Nachruf«. Am besten zweimal. Einmal so, wie er jetzt gehalten werden könnte, und ein zweites Mal, so wie er Ihren Vorstellungen nach sein sollte.

Sie werden feststellen, dass Lottogewinne, Machtspiele, schlaue Geschäfte und ein tolles Auto zumindest in der zweiten Fassung nicht vorkommen. Natürlich können Sie all das haben. Viel Geld, ein schönes Haus, Einfluss und ein Auto sind ja okay. Doch sie sind nicht die wesentlichen Dinge. Sie wollen glücklich, sinnerfüllt und zufrieden sein. Und dafür sind manche Wege eben effektiver als andere.

Wie wäre es, wenn Sie Ihrem Leben ein Motto geben? Beispielsweise:

> Lebe so, als wäre dieser Tag der erste Tag vom Rest deines Lebens. Lebe so, als hinge von deinem Tun das Schicksal des Universums ab. Und tu alles, was du tust, mit ganzem Herzen und einem Lächeln.

Lieben lernen

Passt denn das zusammen? Liebe und Lernen? Na klar. Wenn wir mit Lernen nur nicht immer die Schule assoziieren würden! Dort sammeln Kinder oft nur Wissen, doch lernen wenig – und fast immer verlernen sie mehr, als sie lernen.

Lernen kann lustvoll sein

Lernen ist prinzipiell etwas Lustvolles. Natürlich ist nicht das Auswendiglernen, sondern das Erweitern der Möglichkeiten gemeint, das Bunterwerden der Welt und des Lebens. Lernen und Liebe gehören zusammen: Wirklich lernen wir nur das, was wir lieben – was wir also mit ganzem Herzen tun. Und was wir mit ganzem Herzen tun, lernen wir zu lieben.

> Lernen Sie zu lieben. Was auch immer Sie tun. Denn was Sie lieben, werden Sie immer mit ganzem Herzen tun. Und dann werden Sie alles, wirklich alles, was Sie sich wünschen, bekommen.

Lauras Traum

An einem ganz gewöhnlichen Montagmorgen, der sich in keiner Weise von anderen Montagmorgen unterschied, wurde Laura, wie jeden Morgen, durch den Lärm ihres Weckers aus ihren Träumen gerissen. 7 Uhr 15. Laura war am Vorabend früh zu Bett gegangen und hatte lange genug geschlafen. Und doch fühlte sie sich, wie jeden Montagmorgen, erschöpft und ausgelaugt. Jeder Gedanke an die beginnende Woche ließen ihr Herz und Beine so schwer werden, dass sie es nicht schaffte, aufzustehen. Laura tat der Bauch weh, ihr war übel und ganz matt im Kopf. Als Sachbearbeiterin eines großen Versicherungsunternehmens hatte sie es täglich mit launischen Vorgesetzten, frustrierten Kolleginnen und ungeduldigen Kunden zu tun, die sie regelmäßig am Telefon tyrannisierten.

Wie satt sie dieses Leben doch hatte … Laura wollte gar nicht darüber nachdenken. Kurzerhand drückte sie die Schlummertaste ihres Weckers und vergrub sich in die warme Decke. In der nächsten Sekunde war sie schon wieder eingeschlafen und träumte …

Laura rannte durch eine dunkle Schlucht. Am Ende der Schlucht lag ein blühendes Mohnfeld, hinter dem Mohnfeld rauschte ein Fluss – und jenseits des Flusses sah sie ein bezauberndes, altertümliches Städtchen, zu dem sie sich seltsam hingezogen fühlte. Das Laufen fiel ihr so leicht und so lief sie über das Mohnfeld bis zum Fluss.

Dort wartete bereits ein Fährmann auf sie. Seine Augen leuchteten froh und er nickte Laura freundlich zu, als hätte er sie bereits erwartet. Laura bestieg das Floß, der Fährmann machte die Leinen los und begann mit dem Übersetzen. Kraftvoll und konzentriert stieß er das Floß mit einem langen Stab voran. Obwohl die Arbeit offensichtlich anstrengend war, war der Fährmann vollkommen zufrieden und strahlte eine tiefe Freude aus. Als sie am anderen Ufer angelangt waren, fragte Laura: »Fährmann, was ist das Geheimnis deiner Zufriedenheit?« Der Fährmann lächelte und sprach: »Der Augenblick.«

Die Geschichte vom Fährmann

Er war als Sohn eines reichen Händlers geboren – als erster Sohn sollte er später die Geschäfte seines Vaters weiterführen. Doch schon als Jüngling wusste er, dass er etwas anderes wollte. Der Reichtum und der Überfluss, mit dem er groß geworden war, befriedigten ihn nicht. Eine unstillbare Sehnsucht zog ihn in die Welt hinaus.

Er wurde Gaukler und zog mit den Schauspielern durch die Lande. Er wurde Soldat und lernte das Kämpfen. Er diente am Hofe des Königs und stieg schließlich bis zum Rang eines Ministers auf, der den König beriet und ihm half, die Geschicke des Landes zu lenken. Doch immer noch hatte er nicht das gefunden, was ihn von zu Hause fortgezogen hatte. Er hatte Ämter und Ansehen erworben – aber in ihm war keine Zufriedenheit, sondern Unrast. Sein Gemüt wurde schwer und in dunkle Gedanken versunken verließ er eines Tages den königlichen Hof. Ziellos wanderte er umher. Als er zum großen Fluss kam, stand er lange am Ufer und starrte in das reißende Wasser. Er beschloss, seinem Leben ein Ende zu setzen. Als er sich gerade in die Fluten stürzen wollte, rief ihn ein alter Mann, der Fährmann, der am Fluss lebte. Er trat auf den Lebensmüden zu und sprach: »Hörst du die Stimme des Wassers?« Der ehemalige Minister schrak aus seinen düsteren Gedanken auf. Welche Stimme meinte der Alte? War er vielleicht nicht ganz richtig im Kopf? Als ob er seine Gedanken gelesen hätte, lächelte der alte Fährmann. »Hör genau hin!«

Wie unter einem Bann lauschte der Angesprochene. Das Wasser rauschte. Doch in dem Rauschen waren tausend Stimmen – junge und alte, zornige und fröhliche, lachende und weinende. Und doch war alles zusammen eine einzige Stimme und diese Stimme war das Glück des Augenblicks. In dem Lauschenden kehrte Frieden ein. Einen halben Tag lauschte er dem Fluss und alle dunklen Gedanken fielen von ihm ab.

Am Abend aber folgte er dem Alten in seine Hütte und wurde sein Gehilfe. Der Alte lehrte ihn, jedem Augenblick zu lauschen, während er das Floß übersetzte, während er aß und trank, während er das Feuer schürte und wenn er still vor dem Feuer saß. Als viele Jahre später der Alte starb, wurde er der neue Fährmann.

Laura ging in Gedanken versunken weiter. Aber kaum war sie am Stadttor angelangt, kam ein lustiger Kerl auf sie zu, begrüßte sie in der Stadt, führte seine Jonglierkünste vor und erzählte ihr, dass er nicht nur Gaukler, sondern auch Heiler sei. Lange unterhielt er sich mit Laura und war so warmherzig, dass sich Laura sofort wohl in der Stadt fühlte. Ob wohl alle Menschen hier so freundlich, zufrieden und glücklich waren? Laura wollte sich umsehen. Als sie sich von dem Gaukler verabschiedete, fragte sie wieder: »Was ist das Geheimnis deiner Zufriedenheit?« Der Gaukler zog einen Strauß Blumen aus der Tasche und lachte: »Die Menschen.«

Die Geschichte vom Heiler

Lange Jahre hatte der Heiler gelernt, bis er seine Kunst vervollkommnet hatte. Die berühmtesten Ärzte hatte er aufgesucht und war bei ihnen in die Lehre gegangen, hatte alles über den Bau des Menschen, seine Organe, die vielfältigen Krankheiten und ihre Symptome und die Kunst der genauen Diagnose erfahren. Nun war er bereit, selbst ein großer Arzt zu werden.

Er stellte Pillen her, verschrieb Kräutertränke, nähte Wunden und schnitt, wenn es sein musste, Geschwüre heraus – mit großem Erfolg. Und doch spürte er eine innere Unzufriedenheit. Immer nur Kranke, immer nur Klagen und Leiden! Langsam begann ihm seine Arbeit zuwider zu werden. Mürrisch untersuchte er seine Patienten, missmutig verschrieb er Medizin, von der er wusste, dass sie ohnehin nicht eingenommen wurde, erschöpft und unruhig ging er zu Bett, matt und unlustig stand er morgens auf. Und es kamen immer weniger Menschen zu ihm, obwohl er doch ein guter Arzt war.

Er merkte, dass ihm etwas in seinem Leben fehlte. Vielleicht war er trotz seines Wissens und seiner Kunstfertigkeit nicht zum Heiler geschaffen? Was war es, das ihm sein Leben und seine Arbeit so lästig machte?

Er begann, in sich hineinzuhorchen. Und er stellte sich neue Fragen: Weshalb war er eigentlich Arzt geworden? Und was hatte er früher an dem geliebt, was er tat? Plötzlich fiel es ihm wie Schuppen von den Augen. Er wollte den *Menschen* helfen. Bisher hatte er immer nur das Leiden, die Krankheit, die Symptome und sein Wissen im Sinn gehabt. Doch es ging ihm ja um die Menschen!

Von nun an hörte er seinen Patienten ganz genau zu. Er stellte nicht nur Symptome fest, sondern versuchte, den Menschen, der mit seinen Sorgen zu ihm kam, wirklich zu verstehen. Er spürte, wie nicht nur die Liebe zu den Menschen, sondern auch die Liebe zu seiner Arbeit jeden Tag wuchs. Oft gingen die Kranken geheilt von ihm – obwohl er gar keine Medizin verschrieben hatte. Jeden Morgen wachte er auf und freute sich auf seine Aufgabe. Er war voller Liebe zu dem, was er tat, und ging abends mit dem zufriedenen Gefühl, etwas Sinnvolles getan zu haben, zu Bett. Und sein Ruf wuchs weit über die Grenzen seines Landes hinaus.

Es war noch früh am Morgen und es waren nicht viele Menschen unterwegs. Die meisten Frühaufsteher waren Kinder, offenbar auf dem Weg zur Schule. Laura dachte kurz an ihre eigene unangenehme Schulzeit – doch hier schien das etwas anderes zu sein. Den Kindern war anzusehen, dass sie sich auf die Schule freuten. Neugierig folgte ihnen Laura. Der Schulmeister war ein Mann, zu dem man sofort Vertrauen haben konnte; Laura begriff nun, warum die Kinder gern zur Schule gingen. Der Meister ging mit den Schülern in den Garten und erklärte ihnen mit Begeisterung die Tiere und Pflanzen. Laura hörte gebannt zu. Offensichtlich war der Lehrer ein wirklicher Lehrer, fähig seine Schüler zu begeistern und ganz in seinem Element, wenn er sie lehren konnte. Als die Schüler und ihr Lehrer eine kleine Pause machten, wagte Laura, den Meister anzusprechen: »Was ist das Geheimnis deiner Zufriedenheit?« Der Meister sah Laura an und sagte: »Eine sehr gute und wichtige Frage!« Dann dachte er ein Weilchen nach und sprach: »Das Wachstum.«

Die Geschichte vom Gärtner

Der Sohn des Uhrmachers war der Liebling aller Lehrer. Keiner lernte so schnell wie er, keiner war so wissbegierig und geschickt in allem, was er tat. Seine Eltern waren stolz auf ihn – und er war stolz auf seine Eltern und bewunderte seinen Vater, der aus vielen kleinen Teilchen schöne und gute Uhren zusammenbauen konnte. So war es selbstverständlich, dass er bei seinem Vater in die Lehre ging und sein Handwerk erlernte. Schon bald war er selbst nicht nur ein angesehener Uhrmachermeister, sondern er verstand sich auch darauf, komplizierte mechanische Apparaturen herzustellen: Maschinen, die rechnen konnten, kleine Figuren, die tanzten und Musik spielten, und viele andere erstaunliche Dinge.

Manchmal jedoch hatte er das Gefühl, dass er etwas suchte – doch was das sein könnte, wusste er nicht. Da kam eines Tages ein reicher Kaufmann mit seiner Tochter zu ihm. Es war ihr Geburtstag und ihr Vater wollte ihr eine der wunderbaren mechanischen Kunstwerke des Uhrmachers zum Geschenk machen. Sie sah sich um: Es gab Puppen, die lachten und weinten, Hunde, die bellten und mit dem Schwanz wedelten, kleine Ballerinas, die sich verbeugten und mit zierlichen Schritten im Kreis tanzten. Doch das Mädchen schüttelte immer wieder den Kopf. »Ich will einen Baum, mit Äpfeln und Vögeln, die in den Ästen singen!« Der Uhrmacher lächelte. »Ja, ich kann dir einen solchen Baum machen, bei dem sich die Blätter bewegen und die Vögel deine Lieblingslieder singen. Aber die Äpfel kannst du nicht essen.« »Du bist aber dumm!«, sagte die Kleine und zog ein paar Apfelkerne heraus. »Das ist doch ganz einfach!«

Der Uhrmacher stand da wie vom Donner gerührt. Es stimmte, er konnte viel konstruieren, doch ein einfaches Apfelbäumchen oder auch nur ein Samenkorn – das konnte er nicht. Der Gedanke ließ ihn nicht mehr los. Er dachte darüber nach, als er zu Bett ging, und wachte mit demselben Gedanken auf. Kurz darauf verkaufte er sein Geschäft und erwarb einen großen Garten.

Er pflanzte Samen aller möglichen Pflanzen. Er sah die Blumen blühen und die Bäumchen zu stattlichen Bäumen wachsen. Mit jedem Tag wurde seine Liebe stärker zu allem was wuchs. Er pflegte jede seiner Pflanzen mit Liebe und Geduld und großer Freude. Er hatte gefunden, was er gesucht hatte.

Laura bedankte sich für die Geschichte und ging weiter. Sie hörte ein Schaben und Klopfen und wurde ganz neugierig, was dort geschah. Mit einem Mal stand sie vor einer Tischlerei. Der Tischler war konzentriert über seine Arbeit gebeugt: eine wunderschön gearbeitete Schranktür. Geradezu liebevoll blickte er auf sein Werk, um immer wieder an einer kleinen Stelle zu feilen. Laura konnte den Blick gar nicht abwenden. Der Mann arbeitete in vollkommener Konzentration und lächelte dabei versonnen. Als er sich nach einer Weile zurücklehnte und sein Werk betrachtete, frage Laura auch ihn: »Was ist das Geheimnis deiner Zufriedenheit?« Und der Tischler sprach: »Das Gutgemachte.«

Die Geschichte vom Tischlermeister

Die Lehrer staunten, was der Junge alles aus einem Stück Holz machen konnte. Während die anderen Kinder nur grobe Holzschalen schnitzten, schuf er aus einem rohen Holzklotz vollkommen gestaltete Tiere und Figuren, die beinahe zu leben schienen. Auch seine Mitschüler bewunderten seine Fähigkeit und freuten sich, dass er seine kleinen Kunstwerke gerne an sie verschenkte.

Nach der Schule ging er bei einem Tischler in die Lehre. Dort lernte er, Nützliches herzustellen: Tische, Stühle und andere Möbel. Schon vor Ablauf der üblichen Lehrzeit wurde er Geselle und dann Meister. Sein Meister, bei dem er gelernt hatte, starb nach einigen Jahren und er war nun der einzige Tischlermeister der kleinen Stadt. Natürlich hatte er viel zu tun; jeder brauchte irgendwann Möbel. Doch je besser es seiner Werkstatt ging, desto unzufriedener wurde er mit seiner Arbeit. Immer das Gleiche! Er begann, Lehrlinge auszubilden, die ihm die langweiligsten Arbeiten abnahmen. Eine Zeit lang war er etwas zufriedener, da er mehr Abwechslung hatte. Nun beaufsichtigte er Lehrlinge, verbesserte ihre vielen Fehler und führte nur noch die schwierigeren Arbeiten selbst aus. Aber auch das wurde ihm bald langweilig. Er ging immer häufiger ins Wirtshaus und trank mehr Wein, als ihm guttat.

Eines Tages setzte sich ein Mann zu ihm, der ihm bekannt vorkam. In der Tat – es war einer seiner alten Lehrer. »Ich kann mich sehr gut an dich erinnern!«, sagte der Alte und zog eine kleine geschnitzte Figur aus seiner Manteltasche. »Du hast sie mir damals geschenkt. Seitdem trage ich sie bei mir und sie hat mir stets Glück gebracht!«

An diesem Abend trank der Tischlermeister nicht so viel Wein und ging in Gedanken versunken nach Hause. Wie glücklich war er doch als Kind gewesen! Welche Freude hatte er darin gefunden, seine Schnitzereien zu vervollkommnen! Wo war diese Freude geblieben?

Am nächsten Tag ging er mit einem neuen Gefühl in seine Werkstatt. Er begann damit, einen einfachen Stuhl zu zimmern. Doch nun achtete er auf jedes Detail. Jede Kleinigkeit sollte vollkommen sein. Alles sollte perfekt zusammenpassen, nichts sollte auch nur den kleinsten Makel haben. Liebevoll wählte er das passende Holz, sägte, feilte, glättete und setzte die Teile zusammen – was sich nicht genau einfügte, bearbeitete er weiter. So versunken war er in seine Arbeit, dass er seine ankommenden Lehrlinge gar nicht bemerkte. Er hatte die Liebe zu seinem Handwerk wiedergefunden.

Laura dankte dem Meister. Gegenüber auf dem Marktplatz saß ein junger Mann am Stadtbrunnen und schrieb versunken auf ein Blatt. Laura näherte sich ihm und sah, dass ein Lächeln um seine Lippen spielte. Offenbar war er arm, aber er strahlte eine solche Freude aus, dass Laura es wagte, ihn anzusprechen, was er denn schreibe. Der Dichter sah ihr tief in die Augen und trug das Gedicht vor, das er gerade aufgeschrieben hatte. Es sprach von Liebe und Leid, von Hoffnung und Schmerz und es war so schön, dass Laura die Tränen in die Augen stiegen. Doch es waren keine bitteren, sondern befreiende Tränen. »Was ist das Geheimnis deines Glücks?«, fragte sie und der Dichter antwortete: »Das Schöne.«

Die Geschichte vom Dichter

Träumer, Narr, Hans-guck-in-die-Luft nannten ihn die Lehrer, seine Mitschüler und seine Geschwister. Während die anderen Knaben rauften oder Ball spielten, stieg er lieber auf einen hohen Baum, um die Wolken und die Welt unter ihm zu betrachten. Manchmal saß er stundenlang in einem Wipfel – er konnte sich an der Schönheit nicht satt sehen.

Es wunderte niemanden, dass er als Jüngling damit begann, Gedichte zu schreiben. Nicht sonderlich gute, um ehrlich zu sein. Aber er wollte mit anderen teilen, was er an Schönem sah, und dachte gar nicht daran, dass die anderen es ebenso gut sehen konnten, wie er selbst.

Dann kam der Krieg. Die Dörfer und Felder brannten, die Menschen starben und hungerten und die Bäume wurden für Befestigungsanlagen gefällt. Der junge Dichter war verzweifelt. All das Schöne, das er in seinen Gedichten besungen hatte, war dahin. In ihm war es leer.

Das Herz voll Trauer, wanderte er über die verwüsteten Felder. Was waren seine Gedichte anderes als hohle Worte? Er hatte ja nur beschrieben, was jeder sah – in lieblichen Worten zwar, doch ohne eigenes Leben, ohne Tiefe, ohne Kraft. Die Schönheit eines jungen Mädchens, der Duft einer Rose, die blühenden Felder – all das war doch in

Wirklichkeit viel schöner als seine Worte. Und das alles war nun vergangen.

Plötzlich gewahrte er auf dem verbrannten Feld einen kleinen Farbtupfer. Ein einzelnes Gänseblümchen reckte seinen Kopf aus der Asche dem Licht entgegen. Lange stand er nur da und betrachtete das kleine Wunder. In seinem Herzen ging die Sonne auf. Seine Augen füllten sich mit Tränen – doch es waren Tränen der Freude. Dieses stille Blümchen war schöner als alles, was er jemals in seine Gedichte gefasst hatte. Und er erkannte: Die wahre Schönheit lag in den kleinen Dingen, in der Bewegung des Dichterherzens, in ihm selbst.

Nun sah er sich aufmerksamer um. Ja, die Lande waren verwüstet. Doch dort sah er einen Grashalm, am Himmel zog ein Vogel seine Bahn, der Kirchturm ragte aus dem Grau der Stadt und ein Sonnenstrahl glitzerte in einer Glasscherbe. Er sah die Welt mit neuen Augen. Freilich – es gab das Hässliche, doch nichts war vollkommen hässlich. Es steckte immer auch ein Keim des Schönen darin. Hinter jeder Trauer stand ein tiefes, schönes Gefühl, hinter jedem Leiden lag das Versprechen einer Erlösung.

Ernster und zugleich froher als je zuvor kam er in die Stadt zurück. Er entdeckte die Schönheit in dem sorgenvollen, runzligen Gesicht eines Greises, in dem kurzen, liebevollen Blick einer Mutter auf ihr spielendes Kind und in der Spiegelung eines zerbrochenen Rades in einer Pfütze. Er hatte die Macht gewonnen, das Besondere aus dem grauen Einerlei zu erheben. Er fühlte, dass er erst jetzt wirklich zum Dichter geworden war.

Das Gedicht klang noch in ihrem Herzen nach, als sie weiterging. Nun wollte sie die Stadt, in der sie so viele glückliche Menschen getroffen hatte, von oben sehen und stieg die Treppe zum Kirchturm hinauf. Von dort aus hatte sie einen herrlichen Blick auf die Stadt und den Sonnenuntergang. Gerade wollte sie wieder hinab, da hörte sie Schritte. Kurz darauf betrat ein kleiner Mann mit leuchtenden Augen das Turmzimmer. Unter seinem Arm trug er ein großes Fernrohr, denn er war Astronom. Er begrüßte Laura freundlich und begann, ihr von den Wundern des Weltalls zu erzählen, bis es dunkel war. Dann packte er sein Fernrohr aus und betrachtete gemeinsam mit Laura die Sterne. Als Laura spürte, dass es Zeit war, wieder zu gehen, bedankte sie sich bei dem Astronom für die Wunder, die er ihr gezeigt hatte, und fragte: »Was ist das Geheimnis deines Glücks?« Er antwortete: »Das Staunen.«

Die Geschichte vom Astronom

Der König hatte beschlossen, die Sterne zählen zu lassen, die über seinem Land standen. Man sieht schon: Er war nicht sehr schlau – aber dafür war er ja König. Der königliche Landvermesser sollte die Aufgabe übernehmen. Der hatte zwar keine besondere Lust darauf – aber was sollte er machen? Der König hatte es nun einmal befohlen.

So zog er denn am Abend los, legte sich auf eine Wiese, schaute in den Himmel und begann zu zählen. Eins, zwei, drei – wie langweilig – vier, fünf, sechs – ach, wie öde ... aber er musste ja weiter zählen. 123, 124, 125 ... hoppla – einige Sterne bewegten sich ja! Er wurde neugierig. Warum bewegten sich manche Sterne? Was waren die Sterne überhaupt? Wie weit waren sie wohl weg? Die Aufgabe, die der König gestellt hatte, war viel schwieriger, als er zunächst gedacht hatte. Aber auch viel interessanter!

Er betrachtete den Sternenhimmel mit neuen Augen. Und nicht nur das – jetzt, wo er sich an die Dunkelheit gewöhnt hatte, sah er plötzlich viel mehr Sterne. Dann entdeckte er noch etwas Merkwürdiges: Manchmal sah er im Augenwinkel ganz schwache Sterne, die seltsamerweise verschwanden, wenn er seine Augen geradewegs auf sie richten wollte. Was hatte das zu bedeuten?

Natürlich wurde er mit seiner Aufgabe nicht fertig, doch in ihm war die Wissbegierde erwacht. Er hatte einmal gehört, dass ein Mann Gläser erfunden hatte, mit denen man das Ferne ganz nah sehen konnte. Er konnte sich zwar nicht vorstellen, wie das sein konnte – doch er wollte unbedingt ein solches Glas bekommen. Mit der Erlaubnis des Königs begab er sich auf Reisen und konnte tatsächlich nach ein paar Monaten ein solches »Fernrohr« erwerben. Er ließ sich auch erklären, wie es funktionierte, und staunte über das Wunder.

Von nun an beobachtete er jede Nacht die Sterne. Ein großes Staunen erfasste ihn. Er erkannte, dass es unmöglich war, die Sterne zu zählen. Das hörte der König gar nicht gern und übergab die Aufgabe seinem

Finanzminister, der ihm schon drei Tage darauf berichtete, dass es genau 1748 Sterne gäbe. Der König war zufrieden.

Noch zufriedener aber war der Astronom, der des Nachts die Sterne beobachtete, sich an den unendlichen Wundern des Weltalls erfreute und tagsüber die Wunder der Erde erforschte.

Laura verabschiedete sich und stieg die Treppe hinab. In der Kirche sah sie den Priester, wie er betete und voller Inbrunst Kerzen entzündete. Laura wagte nicht, ihn anzusprechen; doch nach einer Weile bemerkte sie der Priester und kam auf sie zu. »Wie schön, dass du hierher gefunden hast!«, strahlte er sie an. Laura war es ein wenig peinlich, denn eigentlich war es ja Zufall. Als ob er ihre Gedanken gelesen hätte, sprach er: »Vieles scheint wie Zufall. Doch hinter allen Dingen steckt ein großes Geheimnis.« »Was für ein Geheimnis ist das?«, fragte Laura. Der Priester lächelte: »Das Geheimnis kann man nicht nennen, man kann es nur erleben.« Noch lange Zeit unterhielt sich Laura mit ihm und sie erkannte, dass auch dieser Mensch vollkommen glücklich und zufrieden war – vielleicht war er sogar der zufriedenste unter all den glücklichen Menschen dieser Stadt. Und so fragte sie auch ihn: »Was ist das Geheimnis deines Glücks?« Er lächelte sie an und sprach: »Der Sinn.«

Die Geschichte vom Priester

In ihm war eine große Einsamkeit. Das geschäftige Treiben der Menschen schien ihm sinnlos. Und so vertiefte er sich in seine Bücher, studierte Latein und Griechisch, wurde vertraut mit den alten Denkern und galt schon als Jüngling für einen Gelehrten. Er fühlte sich zu etwas Höherem berufen – nur, was dies war, wusste er nicht recht. Er beschloss, sein Leben Gott zu weihen, und wurde Priester.

Keiner war so eifrig wie er bei den Ritualen, keiner zelebrierte die Messe so innig wie er, kein anderer hielt so tiefsinnige und feurige Predigten. Und doch fand er dabei keinen inneren Frieden. Waren all die Rituale nicht sinnlos? War er Gott wahrhaft näher, wenn er die Messe zelebrierte? Brachten seine Predigten die Menschen wirklich zu einer Neubesinnung? War nicht sogar sein Glaube letztlich nur eine schöne Selbsttäuschung? Er zweifelte an sich und seinem Gott. Er kasteite sich und legte sich schwere Bußübungen auf – doch vergeblich. In ihm blieb es leer. Wo war Gott?

Er machte sich auf eine lange Pilgerfahrt. Eines Abends erreichte er das nächste Dorf nicht mehr und musste auf freiem Feld übernachten. Als es dunkel wurde und die Sterne am Firmament erschienen, stieg ein namenloses, tiefes Gefühl in seinem Herzen auf. Er spürte die Unendlichkeit des Weltalls. Er fühlte den Hauch der Ewigkeit. Und er selbst war im Mittelpunkt dieser Unendlichkeit. Aber nicht er allein. Jeder Mensch, jedes Lebewesen, jedes Ding war unendlich klein und unbedeutend und stand doch im Mittelpunkt der gewaltigen Schöpfung. Er erkannte, wie alles eins war und doch ein jedes einmalig und bedeutend. Eine unendliche Liebe zu allem, das war, erfasste ihn. Alles war heilig. Alles war Gott. Alles war von tiefem Sinn erfüllt, dem zu dienen das Heiligste war.

Er erkannte die Bedeutung der Rituale – wenn er sie mit Sinn füllte. Er wusste nun, dass er in der Messe Gott ganz nahe war – wenn er von Sinn erfüllt war. Und er wusste, dass seine nächste Predigt die Menschen in ihrem Innersten berühren würde – denn er hatte den Sinn, das Heilige, gefunden.

Laura fühlte, dass sie weiter musste. Etwas zog sie fort. Und die Kirchenglocken läuteten …

Laura öffnete die Augen. Der Wecker klingelte. Es war höchste Zeit aufzustehen. Sie freute sich auf den Tag. Nur kurz hielt sie inne – denn dieses Gefühl der Freude, noch dazu an einem Montagmorgen, war ihr ganz neu. Laura hatte sich verändert und mit ihr ihr Leben. Voller Freude machte sie sich auf den Weg zur Arbeit.

Schlusswort

Sie glauben ja hoffentlich nicht im Ernst, dass ich alles und jedes, was ich in diesem Buch gesagt habe, zu 100 Prozent in meinem Leben umgesetzt habe, oder? Es sind natürlich alles Dinge, die ich als richtig erkannt habe – aber zwischen geistigem Erkennen, emotionalem Verstehen und tatkräftigem Umsetzen der eigenen Erkenntnisse liegen manchmal ganz schön schwierige Hindernisse. Ich vermute, dass es Ihnen nicht anders geht. Und das ist auch völlig in Ordnung.

Das Schreiben eines Buches wie diesem ist immer auch eine Lernerfahrung. Einige wichtige Dinge sind mir während des Schreibens klarer geworden, manche sind mir überhaupt erst durch das Schreiben klar geworden und andere haben mich sogar völlig überrascht. Ich bin sicher noch ein ganzes Stück davon entfernt, *alles*, was ich tue, mit ganzem Herzen zu tun. Doch es sind während des Schreibens an diesem Buch schon deutlich mehr Dinge geworden. In dem halben Jahr, in dem dieses Buch entstanden ist, habe ich …

- eine neue Kampfkunst gelernt und es in drei Monaten bis zum vierten Grad gebracht,
- ein Buch mit echter Begeisterung geschrieben,
- endlich mit einem Roman über Tibet begonnen, den ich schon lange schreiben wollte,
- fast völlig auf Fernsehen verzichtet,
- 12 Kilo abgenommen und mein Idealgewicht erreicht,
- gelernt, dass auch erst einmal unangenehme Tätigkeiten, wie die Pflege eines alten Menschen, sehr erfüllend und bereichernd sein können,
- mein Chinesisch deutlich verbessert und mitgeholfen, in Peking eine Schule mit einem neuen, humanistischen Lehrplan zu gründen.

All das war sehr viel befriedigender, als Dinge nur halbherzig zu tun. Dieses halbe Jahr war erfüllter, befriedigender und bereichernder als viele andere. Doch die paar Dinge, die ich getan habe, habe ich nicht aufgezählt, weil ich so furchtbar stolz darauf bin (obwohl ich natürlich schon stolz auf ein paar Dinge bin), sondern um Ihnen zu zeigen, dass ich erstens die Dinge, die ich schreibe, auch wirklich umzusetzen versuche; zweitens, dass es auf praktischer Erfahrung beruht, was ich Ihnen erzähle, und drittens, dass »Alles geben« das Leben wirklich positiv verändern kann – aber nur, wenn man auch tatsächlich etwas tut.

Im Übrigen gibt es auch in meinem näheren Bekanntenkreis einige Menschen, die viel mehr und viel Wichtigeres in diesem halben Jahr geleistet haben – weil sie in mehr Bereichen alles gegeben haben. Und je mehr sie gaben, desto mehr bekamen sie. Je mehr Sie geben, desto mehr werden Sie bekommen.

Aber das alles ist ja kein Wettbewerb. Innerlich wachsen, das Leben schöner machen, mehr Befriedigung erfahren und in jeder Hinsicht mehr bekommen, vor allem mehr Freude – so sollte doch das Leben sein. Und denken Sie immer daran: Es gibt kein Versagen. Es gibt nur Rückmeldungen. Wie trist wäre das Leben doch, wenn Sie bereits in *jeder* Hinsicht schon perfekt wären!

Der Autor

Aljoscha Long, 1961 in Bonn geboren, Mitglied von Mensa e.V., studierte in Toronto und München: Philosophie, Medizin, Mathematik (Statistik), Musikpädagogik, Sinologie, Japanologie, Pädagogik, Anglistik, Mediävistik, Germanistik, Psychologie, mindestens drei Dinge auf einmal, vieles nur halb, und manches doch bis zu einem Abschluss. Er arbeitete nebenher als Cotherapeut, Programmierer, Fecht-, Akrobatik- und Kampfkunstlehrer, Musiker und Komponist, Übersetzer und wissenschaftlicher Mitarbeiter, bis er sich schließlich als Autor und Therapeut (er ist Diplom-Psychologe) niederließ, seinem Studentenleben ein Ende setzte und in China heiratete. Gemeinsam mit Ronald Schweppe gründete er 1999 das Institut für Personale Integration in München und 2006 in Beijing. Er lebt abwechselnd in München und Guangzhou, wo er versucht, Cello zu spielen, abstrakte Gemälde zu pinseln, Fechtturniere zu gewinnen und vor allem Bücher zu schreiben – dies meistens gemeinsam mit seinem Freund Ronald Schweppe –, die Menschen helfen, sich selbst zu entdecken und ihr Potenzial zu entwickeln. Seine Bücher wurden bisher in 16 Sprachen veröffentlicht.

www.long-schweppe.de

Literaturverzeichnis

Csíkszentmihály, Mihaly: *Flow: Das Geheimnis des Glücks.* Klett-Cotta, Stuttgart 2010

Fromm, Erich: *Haben und Sein. Die seelischen Grundlagen einer neuen Gesellschaft.* DTV, München 2005

Fromm, Erich: *Vom Haben zum Sein: Wege und Irrwege der Selbsterfahrung.* Ullstein, München 2005

Goethe, J.W.: *Dichtung und Wahrheit, Band 2.* Insel, Frankfurt a.M. 1975

Klein, Stefan: *Die Glücksformel. Oder: Wie die guten Gefühle entstehen.* Rowohlt, Reinbek 2008

Long, Aljoscha/Schweppe, Ronald: *Karma. Die Gebrauchsanleitung.* Heyne, München 2011

Long, Aljoscha/Schweppe, Ronald: *Die 7 Geheimnisse der Schildkröte.* Heyne, München 2010

Long, Aljoscha/Schweppe, Ronald: *Suki meditiert.* BoD, Norderstedt 2010

Long, Aljoscha/Schweppe, Ronald: *Praxisbuch NLP.* Südwest, München 2010

Long, Aljoscha/Schweppe, Ronald: *NLP macht Kinder stark.* Südwest, München 2011

Long, Aljoscha/Schweppe, Ronald: *30 Minuten – Raus aus dem Jobfrust.* GABAL, Offenbach 2010

Long, Aljoscha/Schweppe, Ronald: *Nicht anstrengen – leben! Das Dao des Alltags.* Heyne, München 2009

Long, Aljoscha/Schweppe, Ronald: *Spring über den Horizont.* Kreuz, Stuttgart 2004

Long, Aljoscha/Schweppe, Ronald: *Der Träumer, der Weise, das Innere Kind.* Kösel, München 2004

Precht, Richard David: *Die Kunst, kein Egoist zu sein.* Goldmann, München 2010

Schulz von Thun, Friedemann: *Miteinander Reden.* Rowohlt, Reinbek 2011

Smullyan, Raymond: *Das Tao ist Stille.* Fischer, Frankfurt 1997

Zhuangzi (Dschuang Dsi): *Das höchste Glück. Reden und Gleichnisse.* Insel, Frankfurt 2005

Zhuangzi (Dschuang Dsi): *Das wahre Buch vom südlichen Blütenland.* Diederichs, München 2008

Stichwortverzeichnis

Business-Bücher für Erfolg und Karriere

GABAL

Gitte Härter
Nerv nicht!
ISBN 978-3-86936-064-5
€ 17,90 (D) / € 18,50 (A) / sFr 27,90

Jürgen Kurz
Für immer aufgeräumt
ISBN 978-3-89749-735-1
€ 19,90 (D) / € 20,50 (A) / sFr 30,50

I. Moser-Will, I. Grube
Denkspiele
ISBN 978-3-86936-013-3
€ 19,90 (D) / € 20,50 (A) / sFr 30,50

Annette Kessler
Vom Small Talk zur Konversation
ISBN 978-3-86936-119-2
€ 17,90 (D) / € 18,50 (A) / sFr 27,90

Lars Baus
E-Mail-Flut statt Büffeljagd
ISBN 978-3-86936-122-2
€ 17,90 (D) / € 18,50 (A) / sFr 27,90

Tomas Bohinc
Grundlagen des Projektmanagements
ISBN 978-3-86936-121-5
€ 17,90 (D) / € 18,50 (A) / sFr 27,90

Svenja Hofert
Die 100%-Bewerbung
ISBN 978-3-86936-125-3
€ 17,90 (D) / € 18,50 (A) / sFr 27,90

Stefan Gottschling
Einfach besser texten
ISBN 978-3-86936-126-0
€ 17,90 (D) / € 18,50 (A) / sFr 27,90

Renate Söffing
Kiss your Ideas!
ISBN 978-3-86936-131-4
€ 17,90 (D) / € 18,50 (A) / sFr 27,90

Anouk Scherer
Authentisch Präsent Charismatisch
ISBN 978-3-86936-123-9
€ 17,90 (D) / € 18,50 (A) / sFr 27,90

Christian Görtz
Mehr Umsatz durch Marketing-Kooperationen
ISBN 978-3-86936-124-6
€ 17,90 (D) / € 18,50 (A) / sFr 27,90

Anita Hermann-Ruess
Highlight-Rhetorik
ISBN 978-3-86936-120-8
€ 17,90 (D) / € 18,50 (A) / sFr 27,90

Weitere Informationen finden Sie unter www.gabal-verlag.de